6/10

Jutta Hecker Rudolf Steiner in Weimar

«Dem Maler Curt Liebich zur freundlichen Erinnerung!
Der Mensch sieht nur das klar in der Aussenwelt, was er mit dem Lichte seines Inneren bestrahlen kann.»

Weimar, 13. Juni 1891

Rudolf Steiner

Jutta Hecker

Rudolf Steiner in Weimar

Farbfotos von H. R. und P. Clerc

Verlag am Goetheanum

Zur Autorin

Jutta Hecker wurde am 13. Oktober 1904 in Weimar als jüngste Tochter des Archivars am Goethe-Schiller-Archiv Dr. Max Hecker geboren. Die Atmosphäre, in der sie aufwuchs, war ganz erfüllt von Liebe zu Goethe. In München studierte sie Germanistik und Anglistik und promovierte 1931 über «Das Symbol der Blauen Blume im Zusammenhang mit der Blumensymbolik der Romantik». Ihre Tätigkeit als Studienassessorin und Studiendirektorin führte sie nach Hamburg, Schneidemühl und Honnef. Mit Kriegsende kehrte Jutta Hecker nach Weimar zurück, wurde «Trümmerfrau» und für fünf Jahre Angestellte eines kleinen Betriebs für Inneneinrichtungen. In diesen Jahren begegnete sie der Anthroposophie Rudolf Steiners. Nebenher entstanden für die Tageszeitungen erste Skizzen, die Weimars große Vergangenheit lebendig machten. Daraufhin beauftragte der Verlag Gustav Kiepenheuer Jutta Hecker, einen Weimar-Roman zu schreiben. Es entstand «Die Altenburg» – eine Geschichte des Hauses, wo Liszt gewohnt hatte, wo später B. Suphan lebte und nun auch Jutta Hecker selbst zu Hause war (1955). Diesem ersten schriftstellerischen Werk folgten weitere über Winkelmann, Wieland, Eckermann, Corona Schröter, Schiller, Goethe u. a. m. In ihren Darstellungen fußt Jutta Hecker auf eingehenden historischen und biographischen Studien, sie sucht aber gleichermaßen dem Genius der Persönlichkeit als dem eigentlichen Schicksalsgestalter gerecht zu werden. Folgerichtig mündete das schriftstellerische Werk in eine Darstellung von Rudolf Steiners Weimarer Jahre ein. (Eine *Bibliographie der Veröffentlichungen von Jutta Hecker* befindet sich in *Jutta Hecker zum achtzigsten Geburtstag am 13. Oktober 1984*, Berlin 1984.)
In Würdigung ihres Werks wurde Jutta Hecker 1995 zur Ehrenbürgerin der Stadt Weimar ernannt. Heute lebt Jutta Hecker im Marie-Seebach-Stift in Weimar.

Gudrun Becker

Hinweis für Weimar-Besucher

Informationen und Stadtführungen zum Thema *Rudolf Steiner in Weimar:*
Rudolf Steiner Haus Weimar e. V., Meyerstraße 10, 99423 Weimar, Telefon/Fax 03643/40 22 23, Di–Fr 8.30–11.30 Uhr

2. Auflage 1999

Einbandgestaltung: H. R. und P. Clerc
Satz: Heiko Hanekop
Herstellung: Freiburger Graphische Betriebe

ISBN 3-7235-1045-0

Geleitwort zur ersten Auflage

Fast ein volles Jahrhundert trennt uns von der Zeit, da Rudolf Steiner als Mitarbeiter am Goethe- und Schiller-Archiv vom Herbst 1890 bis zum Sommer 1897 in Weimar weilte. Er war mit der Herausgabe einiger Bände von Goethes Naturwissenschaftlichen Schriften innerhalb der Weimarer Sophien-Ausgabe beschäftigt, der er fast sechs Jahre widmete. Das letzte Jahr seiner Weimarer Zeit brachte er die schon im Jahre 1882 in Wien begonnene Arbeit an den Naturwissenschaftlichen Schriften Goethes in Kürschners Deutscher Nationalliteratur zum Abschluß. In die Weimarer Zeit fallen auch die Herausgabe seiner Schrift «Wahrheit und Wissenschaft» (1892), die Abfassung seines philosophischen Hauptwerkes «Die Philosophie der Freiheit» (1894), das Buch «Friedrich Nietzsche, ein Kämpfer gegen seine Zeit» (1895) und als Resümee seiner Goethe-Arbeit das Werk «Goethes Weltanschauung» (1897).

Wie eine Brücke von dieser Zeit bis heute spannt sich das Leben der Verfasserin. Als Kind hatte sie noch Rudolf Steiners Vorgesetzten, den Archivdirektor Dr. Bernhard Suphan, als «Onkel Suphan» gekannt; viele Jahre lebte sie selbst in dem Haus, wo Suphan wohnte, in der Altenburg, das auch oft ein Ziel von Besuchen Rudolf Steiners war, um Suphan seine Aufwartung zu machen oder dessen Söhnen behilflich zu sein.

Rudolf Steiners Lebensabschnitt in Weimar und die Menschen, mit denen er diese Jahre verlebte, bilden den Inhalt der Aufzeichnungen, die die nachfolgenden Zeilen füllen. So manche von diesen Menschen kannte die Verfasserin, und der Ort Weimar sowie Weimars große Vergangenheit ist ihr geistige und irdische Heimat. Man merkt es jeder Zeile an, daß ihr ganzes Wesen mit dem, was sie schildert, eng verbunden ist. Ihre einmalige Schicksalssituation, ihre schriftstellerische Begabung, aus der schon so manches Buch entstanden ist, gaben ihr die Möglichkeit, ein Leben nachzuzeichnen, als wäre es ein Stück ihres eigenen. Leser, die sich mit Rudolf Steiners Leben und Wirken verbunden fühlen, werden diese Schilderung als eine lebensnahe Ergänzung zu seinem «Lebensgang» entgegennehmen.

Dornach, am Goetheanum, im November 1985 *Kurt Franz David*

O Weimar! dir fiel ein besonder Los –

Weimar – wem fiele bei diesem Wort nicht sogleich der Name Goethe ein! Und wirklich, über die Hälfte seines Daseins, über ein halbes Jahrhundert lang, hat Goethe in Weimar gelebt. In dieser Stadt hat er jene universale Geistesleistung vollbracht, die noch heute in der Kultur Europas in Fortführung, Bestätigung oder Widerspruch wirksam ist und die Weimar bis in alle Enden der Welt bekannt gemacht hat.

«Da fiel mirs auf wie mir die Gegend so lieb ist, das Land! der Ettersberg! die unbedeutenden Hügel!», so schrieb er etwa ein halbes Jahr nach seiner Ankunft an Charlotte von Stein. Er kam von Apolda her, hatte also das Tal, in dem Weimar liegt, offen vor sich: zu seiner Rechten weithin den geraden Höhenrand des Ettersbergs, zur Linken die bewaldeten Höhen um Belvedere. In der Senke hinter dem Gehölz des Webichts zusammengedrängt, eingebettet die kleine Stadt.

Wie mir das Land so lieb ist? Noch am 12. Februar 1776, also ein Vierteljahr vorher, hatte er auf der Höhe jenes Ettersberges über Weimar gestanden und, von Unbehagen und Enttäuschung bedrängt, das Schicksal beschworen:

Der du von dem Himmel bist
Alle Freud und Schmerzen stillest –

Schon damals also war es offenbar, daß dieses überschaubare Tal für ihn zwar in Fülle Positives, aber ebenso auch schmerzhaft Negatives bereithalten würde. Und in Wahrheit: Weimar ist immer ein besonderes geistiges Kraftfeld in der Mitte Europas gewesen und geblieben, nicht nur für Goethe, sondern für alle, die den Geist dieser Stadt

Weimar 1905, Schillerstraße

geformt und geprägt haben oder von ihm geformt wurden. Sie alle sind zumeist wie Goethe aus der Ferne nach Weimar gekommen, haben – von besonderem Schicksal geführt – Weimar gesucht und sind, entsagungsvoll wirkend, geblieben oder haben es, verbittert Neues suchend, wieder verlassen. Auch für Goethe ist die Zeit gekommen, wo ihm die Enge und Gestaltlosigkeit, wo Gesetz und Grenze dieser Talsenke unerträglich geworden sind und wo er dieses Weimar floh. Aber, nachdem er Weite und Schönheit, in der sich frei Maß und Form entfalten können, genossen hatte, kehrt er zurück von Rom. Er bleibt in Weimar bis zu seinem Tod, und er rät seinem Eckermann, dem grüblerischen, zaudernden Mann an seiner Seite: Bleiben Sie in Weimar – es hat Straßen und Tore in alle Enden der Welt.

Zunächst läßt sich dies wohl wortwörtlich verstehen; vielleicht aber lag auch ein geheimer Tiefsinn, eine Art esoterischer Deutung der kleinen Stadt, hinter diesen Worten – so wie er Jahre vorher in dem Gedicht auf den Tod des Theatermeisters Mieding mitten in die Schilderung des Weimarer Alltags die erstaunlichen Verse einfügt:

O Weimar! dir fiel ein besonder Los!
Wie Bethlehem in Juda, klein und groß –

Es klingt wie ein Bekenntnis und wird doch für Nichtverstehende sogleich im folgenden durch halbe Ironie geschützt. Ebenso heimliches Bekenntnis auch, wenn er, wegen seiner Naturforschung angegriffen, anscheinend spöttisch, oder aber auch nicht, in einer Zahmen Xenie ausruft:

Gott grüß euch, Brüder,
Sämtliche Oner und Aner!
Ich bin Weltbewohner,
Bin Weimaraner –

Am 26. September 1827 hat Goethe, nun der ganz Alte, wieder auf dem Ettersberg gestanden und nachdenklich auf Weimar hinabgeschaut: in seiner Hand eine versteinerte halbzerbrochene Muschelschale aus der Urzeit dieses Erdbodens, über sich einen wolkenlosen durchsichtigen Herbsthimmel, unter sich im Tal durch dünenartige Höhen ringsum zugleich geschützt wie zusammengedrängt der kleine Ort – er schaute und bewunderte «die Reiche der Welt und ihre Herrlichkeit»! Die Reiche der Welt – durch das vor ihm liegende kleine Weimar hindurch schaute er ewige Geschichte sich wandelnder Erde.

Eine Möwe mag einst, so sinnierte er, über dem brausenden Geschiebe eisigen Urmeers hinweggeflogen sein, bis die Wasser wichen, allmählich Moos den Boden begrünte und Gras und Sträucher die Hügel bedeckten. So hatte er es vor Jahren schon in seinem «Granit» geschildert. Dann besiedelten Menschen das Tal, entwickelten Kultur, lebten und starben; und nach abertausend Jahren, wenn alles jetzige Menschliche vielleicht vergangen wäre, würde abermals ein Vogel über dieses kleine auserwählte, nun vielleicht völlig veränderte Stück Erde hinwegfliegen. Damals hat er wohl, er, der Mann, der Europa mitgeprägt hat, in eben diesem Weimar das Herz ewig sich wandelnden Lebens gespürt, sowohl das Allgemeine wie das Besondere des Erdballs – eben gerade in der Begrenzung weit über alle Zeit hinaus. Ihm war dieses Weimar nicht nur zu einem Symbol, sondern zu einer Realität, zu einem Muster der Wirklichkeit geworden, an der er «die Reiche der Welt und ihre Herrlichkeit» mit Augen des Geistes sah.

Und wirklich, wenn man die Geschichte Weimars von Urbeginn an überschaut, so lassen sich dort – gewiß wie auch an anderen Orten, doch hier bekannt und aufgezeichnet – Epoche um Epoche, Stufe um Stufe reale Zeugnisse finden, die auf diesem engen Raum die Fortentwicklung der Erde, der Menschheit und ihrer Kulturgeschichte bezeugen.

Die Geologen haben über dem Weimarer Tal in der Höhe des Bergzugs, auf dem Schloß Belvedere erbaut ist, jene Stelle markieren können, bis wohin einst die Gletscher gereicht haben, und es ist nicht schwer, wenn man heute dort oben steht, sich vorzustellen, wie die Senke unten, in der die Stadt liegt, bis hin zu dem ufergleichen Höhenzug des Ettersbergs gegenüber von flutendem Wasser mit Wellen und Gischt, mit Geröll und Urtieren angefüllt war. Als dann die Eismassen zurückwichen, ein Fluß sich bildete, die Ilm, hat sich in der Geborgenheit und Gestaltlosigkeit dieses Tals Geschichte der Menschheit und ihrer Kultur entwickelt hin bis zum heutigen Tag.

Das Weimarer Museum für Urgeschichte bewahrt von diesem Ort menschliche Skelettreste aus ältester Zeit; sodann Werkzeuge aus einer späteren Epoche, aus der Band- und Schnurkeramikzeit –, also nach der sich wandelnden Geschichte des Erdbodens nun Zeugnisse der Entwicklung des Menschen und seiner Kultur. Etwa um 500 nach Christus fand sich dann in einem Gräberfeld unter anderem ein Silberlöffel mit der Inschrift: «Basenae», er gehörte der Basena. Auf dem Löffelstiel ist ein Christogramm eingeritzt und auf seiner anderen Seite ein Weinblatt.

Nach und nach mehren sich die historischen Zeugnisse. Trotz aller Menschenbesiedlung aber bleibt der Boden des einstigen Eismeers feucht und sumpfig. Die Wasser sind zwar zu einem Fluß zusammengelaufen, zu der Ilm, aber der Name Weimar, das heißt «Weih-Moor», bleibt und blieb mit Recht. Geschützt von dem Lauf des Wassers hat sich ein Graf von Weimar hier eine wehrhafte Burg erbaut, in der Kaiser Otto II. im Jahre 975 eine Fürstenversammlung einberief. Weimar muß also schon in der geistigen Unruhe jener Zeitenwende ein weithin bekannter Ort gewesen sein.

Um 1218 nahmen sich dann Zisterzienserinnen des freien geschützten Raumes an: noch heute steht im jetzigen Oberweimar ihre alte Kirche, noch heute von einem Bach umschlossen, der ursprünglich unter einem Teil des Kirchenbaus hinweglief. So bildete sich zu der Burg der Grafen von Weimar allmählich eine mittelalterliche Siedlung; sodann eine kleine Stadt. Der Deutsche Orden verwaltete sie, und so lassen sich Ritter- und Priesterbrüder im weißen Mantel mit dem schwarzen gezackten Kreuz in diesem Tal denken, bis 1520 die Reformation hier Fuß faßte und Mönche und Nonnen vertrieb.

Oftmals ist Luther in Weimar gewesen: er hat in der alten Wasserburg, dem Schloß, und in dem ehemaligen Mönchskloster wie in der Stadtkirche, der jetzigen Herderkirche, gepredigt, so daß die meisten Einwohner ihn wohl hier gesehen und gehört haben – ihn, der bewußt ein Einzelner und ein geistiger Revolutionär war. Er hat hier am Krankenlager des Freundes Melanchthon mit seinem neuen selbständigen Gottesglauben inständig um dessen Gesundheit gebetet: «Volo» – ich will es –, so hat er seltsam bewußt mit seinem Gott geredet. Nachweisbar ist auch in Weimar wieder und wieder sein mutiger Ruf von der Freiheit eines Christenmenschen erklungen. Hier hat er jene wichtige, weithin für den Alltag wegweisende Predigt gehalten, die das persönliche Recht des Christen der gleichfalls berechtigten Obrigkeit gegenüberstellt. Kurfürst Johann Friedrich der Weise, der mit seiner Familie allen Predigten Luthers in Weimar beigewohnt hat, ermutigte den Reformator, diese für die Realität des Daseins so wichtige Predigt zu einem Buch zusammenzufassen.

In diesem Weimar hat dann Lucas Cranach sein großes letztes Bild begonnen, das berühmte Altargemälde, wo er sich, auch er nun bewußter Ich-Mensch, bekenntnishaft neben Luther unter den Blutstrahl Christi stellt.

Und so ist es fortgegangen in Weimars engem Tal mit verzeichenbaren Stationen bewußter Entwicklung des Menschen. Im Jahre 1612 hat der Pädagoge Wolfgang Rathke in Weimar versucht, eine Schulreform einzuführen, indem er gegenüber dem üblichen mechanischen Auswendiglernen bewußte Schulung des Denkens forderte.

Der Dreißigjährige Krieg hat die Stadt zwar verschont, aber Hungersnot und Flüchtlingselend sind auch ihr nicht erspart geblieben. Doch gerade in dieser schweren Zeit regt sich in ihrem Abseits aufs neue deutsches Kulturbewußtsein: «Die Fruchtbringende Gesellschaft» oder «Der Palmenorden» wählte sich gerade dieses Weimar zum Mittelpunkt. Man hat über den absonderlichen Regeln und Namen ein wenig diese wichtige ethische Bemühung um das Wort verkannt. Mitten in Kriegszeiten tat sich hier eine geistige Oberschicht zusammen, um die deutsche Sprache in bewußter Reinheit und Schönheit zu pflegen. Fürsten, Adlige, Gelehrte und Dichter waren damals gerade in Weimar um das Wort bemüht. Da verbanden sich ein Friedrich von Logau, ein Andreas Gryphius, ein Martin Opitz – selbst der Große Kurfürst war beteiligt – miteinander. Georg Neumark, naher Freund von Simon Dach, dem Dichter des Liedes «Ännchen von Tharau», kam nach langer Wanderschaft, um sich als Bibliothekar in Weimar festzusetzen – er, dem Verse von der schlichten Innigkeit des Kirchenliedes «Wer nur den lieben Gott läßt walten» gelungen waren.

Mit fortschreitender Zeit bemühten sich dann Weimars Regenten, inzwischen zu Herzögen aufgestiegen, eindrucksvoll um Kunst und Kultur. Statt der Wasserburg, in der einst Otto II. vor der Jahrtausendwende die Fürsten zusammenrief, war ein Schloß Hornstein in dem schützenden Ilmbogen entstanden und danach ein Schloß, das nach seinem Herrn «Wilhelmsburg» genannt war. Dieser Herzog Wilhelm Ernst rief Johann Sebastian Bach als Konzertmeister nach Weimar, und so sang und klang es acht Jahre lang hier, «als wenn die ewige Harmonie sich mit sich selbst unterhielte», wie Goethe hundert Jahre später Bachs Musik beschrieb.

Allmählich entstand in dem dichten Waldgebiet nahe der Stadt ein Schloß Belvedere, dessen schöne Barockanlage, in aller Kleinheit großzügig, den Raum Weimars kulturvoll vergrößerte; dann weiter hinaus in Ettersburg ein Jagdschloß in eindrucksvollem Stil. So bereitete die Zeit Weimars weltberühmte Epoche vor: das Säkulum der Klassik. Der Enkel jenes Wilhelm Ernst, Herzog Constantin, heiratete die

Braunschweiger Prinzessin Anna Amalia, eine Nichte Friedrichs des Großen, die dann – mit neunzehn Jahren bereits verwitwet und zur Regentin geworden – das Tal durch ihre kluge Aktivität, ihren Kunstsinn und ihr freies, unkonventionelles Denken zum weithin berühmten geistigen Mittelpunkt Europas gemacht hat.

Sie berief im Jahre 1772 für den fünfzehnjährigen begabten, ungebärdigen Thronfolger Karl August einen Wieland als Erzieher nach Weimar; jenen Mann, der in Romanen und Versepen die deutsche Sprache bewundernswert biegsam gemacht, der, in fremder Kunst erfahren, Shakespeare ins Deutsche übersetzte, der dann in Weimar als erster einen Text für eine deutsche Oper dichtete und durch seine weitverbreitete Zeitschrift «Der teutsche Merkur» die gebildete bürgerliche Welt weithin in vielseitigstem Interesse zusammenschloß. Dieser Wieland brachte Kunst, Kenntnis ausländischen Geistesreichtums, soziale Interessengemeinschaft nach Weimar, ja, nach Deutschland. Und der so einmalig geistig geleitete Karl August zog einen Goethe nach Weimar. Der unter Wieland herangewachsene Achtzehnjährige hatte die Courage und das Selbstbewußtsein, gegen das offene Widerstreben seines Consiliums, dem Dichter des «Götz» und des «Werther» Stimme und reales Amt in seiner Regierung zu geben. Der Fürst einer noch im Absolutistischen verhafteten Zeit schloß mit dem Bürgerlichen einen echten, engen Freundschaftsbund, der bis zu seinem Tode währte und dadurch dem weit hinausstrebenden Genius in dem kleinen Weimar eine irdische Heimat bereitete.

Goethe seinerseits hat dann Herder nach Weimar geholt, jenen Geist, der mit ganz neuer umfassender Tiefgründigkeit nach dem Urquell menschlichen Schöpfertums suchte und mit seinen kühnen «Ideen zur Philosophie der Geschichte der Menschheit» entscheidend die geistige Weiterentwicklung Europas förderte.

Im Jahre 1787 hat dann auch Schiller diese Stadt gesucht; harte, enttäuschende Jahre lang vergeblich, bis sich im Jahre 1794 zwischen ihm und Goethe endlich jener einmalige Bund schloß, nach dem beide verlangten: ein selbstloser, zum Mitdenken bereiter Zusammenschluß entgegengesetzter Individuen, der einem halben Jahrhundert sein Siegel aufgedrückt hat. In Weimars gestaltlosem Raum haben Goethe und Schiller in gegenseitiger Teilnahme die Kunstrichtung der Klassik geschaffen, die Weimar weltberühmt gemacht hat und heute noch, in Zustimmung oder auch Widerspruch, lebendigen Samen des Geistes ausstreut.

Kaum zu nennen nun all die Menschen, die, lange vergessen oder mit noch heute bekanntem Namen, von da an immer wieder die Stadt belebt haben oder durch sie in ihrem Schicksal geprägt worden sind. Da ist ein Musäus, ein Jean Paul, ein Kotzebue. Da sind die Schlegels und die Arnims; da ist auf ökonomischem Gebiet der vielseitige Justin Bertuch, im Theaterwesen ein Iffland, der große Schauspieler, in der Malerei Friedrich Preller, in der Musik mozartähnlich Nepomuk Hummel, um nur willkürlich einige Wenige von den Vielen herauszuheben.

Goethes Tod riß zunächst eine Lücke in das Kulturleben der auserwählten Stadt: eine Atempause für Kommendes. Schon in der Mitte des Jahrhunderts kam aus dem rastlosen Leben eines durch die Welt fahrenden Virtuosen Franz Liszt nach Weimar, sichtlich geführt vom Schicksal: er suchte bei einer Fürstin, die aus Moskau stammte, bei Maria Pawlowna, für eine heimatlos gewordene Russin wie für sich selber Asyl und machte aufs neue den kleinen Ort zu einem strahlenden Mittelpunkt Europas. In Verbindung mit Richard Wagner wurden hier unter seiner Leitung in symphonischen Dichtungen neue faszinierende Wege der Musik geschaffen, und es ist ein besonderer Ruhm für die «Oase Weimar», wenn sich Richard Wagner, der Verbannte, zunächst einmal gerade in Weimar sein Bayreuth erträumte.

Ende des Jahrhunderts klingt der Name Weimar dann abermals in bedeutsamem Geistesleben Europas auf, nun aber in ganz anderer, intimer Art. Der letzte Enkel Goethes, Walther von Goethe, und sein Bruder öffneten durch ihr großzügiges Vermächtnis im Jahre 1885 der Welt endlich die Schränke mit dem unausschöpflichen Nachlaß ihres Großvaters. Goethe, der sich selbst historisch geworden war, hatte nach der Italienischen Reise Stück für Stück, Zettel um Zettel, seines Lebens- und Geistesganges gesammelt und aufbewahrt, und so gewährte dieses Testament in seltener Vielfalt Einblick in das Mysterium eines auserwählten schöpferischen Menschen

Die Wissenschaftler, die zu der Pionierarbeit der Veröffentlichung und Auswertung dieses Reichtums herbeigerufen wurden, haben in Für und Wider, in Begeisterung und Entmutigung weithin die Welt des Geistes immer neu zu aktiver Teilnahme aufgerufen. In diese frühe Zeit erregender kämpferischer Auseinandersetzungen gehört auch Rudolf Steiner, der durch seine Anthroposophie auf allen Gebieten die

Goethesche Idee vom schöpferischen Zusammenhang des Sinnlichen und Übersinnlichen zu deuten und weiterzuführen gesucht hat.

Als dann die Erben Schillers, durch die Tat der Enkel Goethes angeregt, den Nachlaß ihres Großvaters gleichfalls dem Archiv übergaben, gesellte sich das Erbe vieler anderer, wie das Wielands, Herders, Bertuchs, Hebbels, Mörikes, bis hin zu Schriften von Karl Marx dazu, und so entstand – nicht ohne Sinn gerade in diesem Weimar – ein großes Literaturarchiv, ein unausschöpfbarer Quell, der die Welt in Anregung oder Widerspruch befruchtet und einen Sammelpunkt für das Geheimnis des Worts darstellt.

In seltsamer Polarität hat dann die Schwester Nietzsches den Nachlaß ihres erkrankten Bruders ebenfalls nach Weimar überführt – jedoch charakteristischerweise in ein Haus für sich. Auf dem «Silberblick», einem Hügel gegenüber dem Ettersberg, deponierte sie die verführerischen Worte vom «Herrenmenschen» und vom «Willen zur Macht», jene grellen Rufe, die später von einer gewissenlosen Subkultur so verheerend ausgewertet werden sollten.

Zunächst aber behielt das einstige Weih-Moor seine immer aufs neue seltsam anlokkende Macht. Auf dem prähistorisch erforschten, dann von ersten Menschenspuren belebten, früh besiedelten, engen, geschützten Grund erblüht immer aufs neue schöpferische Kraft: Richard Strauß und Engelbert Humperdinck haben hier begonnen; Lenbach und Böcklin haben die Stadt gesucht; die «Weimarer Malerschule» entdeckt hier wegweisend neu die Schönheit des Einfachen und Natürlichen; der Belgier van de Velde schafft ein ideenreiches Kunsthandwerk; Graf Kessler, der Europäer, sucht diese Stadt und ersinnt hier seine Cranachpresse, deren individuelle Drucke weithin Aufsehen erregen; Walter Gropius sammelt im «Bauhaus» Künstler um sich, die bahnbrechend in Europa gewirkt haben: da ist ein Feininger, ein Klee, ein Kandinsky, ein Schlemmer, um nur einige zu nennen. Ihrer aller Schicksal und Werk ist untrennbar mit Weimar verbunden, obwohl sie alle enttäuscht wieder gegangen sind. Der *Anfang* ihres Wirkens war ihnen hier beschieden. Und so ist es fortgegangen mit der «Avantgarde, der Armee des menschlichen Geistes», wie Frau von Staël einmal gerühmt hat. «Avantgarde» – Stoßtrupp –, welch treffendes, gültiges Wort!

Selbst im Politischen hat der Name Weimar seine besondere Bedeutung: Nachdem der Ort, wie viele andere deutsche Städte der vielen Kleinstaaten, in den Streitigkei-

Weimar mit Schloß
vom «Silberblick»

ten der Regierenden und dem Fortschritt der Zeit hin- und hergerissen wurde, bekommt er im Februar 1919 einen eigenen, wichtigen Klang: «Die Deutsche Nationalversammlung» tritt hier zusammen. Ein Versuch wird gemacht, eine moderne Deutsche Republik zu gründen. Nicht nur die stille Abseitigkeit, die gegenüber Berlin eine gewisse Ruhe verbürgte, sondern wohl auch die Bedeutung des Namens mag Anlaß dazu gegeben haben, gerade Weimar zu wählen. Aber dieser Impuls – er trägt noch heute den Namen «Weimarer Verfassung» – ist gescheitert.

Zu den «Reichen der Welt und ihrer Herrlichkeit», die Goethe, vom Ettersberg aus, wie er berichtet, immer aufs neue dort willentlich das Gute suchend, bewunderte, gehören natürlich eben auch Fehlschlag, Finsternis und Tod; sie ermöglichen ja wohl erst jene lebendige Herrlichkeit, indem Raum wird für Neues. Bei allem bisher Berichteten gehört Dunkel dazu:

So findet sich der schöne Silberlöffel der jungen Germanin in einem viel zu frühen Grab. Hinter Bachs Orgelbüchlein steht die Bitterkeit dunkler Gefängnistage, die autoritäre Willkür befohlen hatte. Hinter Goetheschem Ruhm erscheint dem Kenner ein bitter zusammengepreßter Mund, nicht nur bei dem lauten «Pereat» der Studenten, sondern auch, wenn er gewahr wurde, daß gerade die ihm wichtigsten Erkenntnisse zumeist auf Unverständnis stießen. Hinter Schillers Triumphen weiß man stöhnend verbrachte Schmerzenstage und -nächte, und all die modernen Künstler haben unverstanden, ja verlacht, die Stadt wieder verlassen. Solches alles gehört wohl zum Menschenschicksal hinzu – also auch zu dem Weimars. Vielleicht wäre sogar alles Licht, das von hier ausgegangen ist, nicht so hell erstrahlt und hätte weithin neues Licht entzündet, wenn nicht die flache Mulde, dieses Tal, das anscheinend wie eine bergende Muschel für Werdendes auserwählt zu sein schien, eben durch seine Enge auch Fehlschlag, Schmerz, ja Erstickung bewirkt. Und jene Straßen und Tore, die, wie Goethe meinte, in alle Enden der Welt führen könnten, hätten sich nicht so weit geöffnet, wenn nicht auch Leid und Verzweiflung sie gewaltsam aufgebrochen hätten.

Nun aber in der Neuzeit, wo Technik, politische Entwicklung, modernes Bewußtsein das Dasein freier, leichter, beweglicher gemacht haben und Wohlleben und Erfolg die Gedanken an Mißlingen und Tod willentlich beiseite schieben, scheint es, als sei ein mächtigeres, finsteres Ereignis notwendig gewesen, um den Namen Weimar weithin lebendig zu halten und ihm ein unvergeßbares, nun schmerzhaftes Siegel auf-

Schloß Weimar vor dem Umbau

zudrücken: im Jahre 1937 wird von den Nationalsozialisten eben auf dem Berg über der Stadt, auf dem Ettersberg, das Todeslager «Buchenwald» errichtet und gibt fortan allem, was hier geschah und geschehen wird, einen unvergeßbaren hintergründigen Nebenklang. Hier lernten Tausende aus aller Welt den Namen Weimar qualvoll kennen, ihn mit Entsetzen nennen, und so wird über allem historischen Fortschritt, der hier nachweisbar geschah, und aller lebendigen Kultur, die von hier aus in die Welt ging, nie mehr das Wort Weimar ausgesprochen werden, ohne daß sich auch die finstere Möglichkeit des Menschen dahinter erhebt. Wenn man bei dem Namen Weimar zunächst des Schönen, Hohen, Edlen gedenkt, das einmal hier Boden fassen durfte, so wird das Wort «Buchenwald» daneben stehen. Und so könnte Goethes abwehrende Verteidigung

> Bin Weltbewohner,
> Bin Weimaraner –

einen neuen, ewig mahnenden Sinn bekommen. Denn die Forderung nach «reiner Menschlichkeit», die, zur Zeit hoher Kunst vor mehr als zweihundert Jahren, die Priesterin Iphigenie eben auf dem Ettersberg aussprach, wird nach der grausigen Realität moderner Geschichte zu einem unüberhörbaren strengen Gebot, das eben mit dem Namen Weimar verbunden bleibt. In Wahrheit: Dieser Stadt fiel «ein besonder Los».

Goethe-Schiller-Denkmal von Ernst Rietschel (1857)

Am 16. September 1924, also wenige Tage vor seiner Erkrankung, hält Rudolf Steiner in Dornach einen Vortrag – einen Karmavortrag – und, gemäß der Besonderheit des Themas, ein wenig tastend, stockend, umschreibend, schildert er, wie er «wahrgenommen» habe, daß bei Schelling «ein fortwährendes Wechselspiel der geistigen Welt oben und der Erdenwelt unten in bezug auf die geistige Entwickelung vorhanden» sei. «Wahrgenommen» – so sagt er, und halb berichtend, halb bekennend, fährt er fort: «Und als ich dann einmal so in der Mitte der neunziger Jahre» – die neunziger Jahre, das ist die Weimarer Zeit – «ganz besonders intensiv damit beschäftigt war, dasjenige aufzusuchen, was die spirituellen Grundlagen des Michael-Zeitalters sind und ähnliches, und wo ich dann selber hineinkam in eine Lebensphase – ich kann ja diese Dinge im ‹Lebensgang› nur andeuten, aber ich habe es schon angedeutet –, in der ich stark miterleben mußte die Welt, die unmittelbar angrenzt an unsere sinnlich-physische Welt, die aber eben doch durch eine dünne Wand von ihr getrennt ist – in dieser nächsten Welt spielen sich ja eigentlich die gigantischen Tatsachen ab, sie sind gar nicht so stark getrennt von unserer Welt –, als ich da in Weimar war, wo ich auf der einen Seite außerordentlich stark das gesellige Leben von Weimar nach allen Seiten hin miterlebte, aber zur gleichen Zeit die innere Notwendigkeit hatte, mich wiederum stark von allem zurückzuziehen, so daß diese Dinge parallel gingen: da war das für mich selber aufs höchste gestiegen, daß eigentlich immer bei mir ein stärkeres Miterleben der geistigen Welt vorhanden war.» Und wenig später, nachdem er diese Diskrepanz, diesen Widerstreit noch verdeutlich hat, fährt er fort: «Das war damals aufs Höchste gestiegen gerade während der Weimarer Zeit. Weimar ist ja dazumal ... wirklich ein Ort gewesen wie eine Oase, wie eine geistige Oase, ganz anders als andere Orte in Deutschland. Da in diesem Weimar, wie ich in meinem ‹Lebensgang› gesagt habe, erlebte ich schon meine Einsamkeiten.» (Siehe Rudolf Steiner Gesamtausgabe, Bibl.-Nr. 238, 6. Vortrag.)

«Meine Einsamkeiten», so nennt er diese Zeit in Weimar, diese Stufe des Kampfes, der Bitterkeiten, des Leids, aber auch des fruchtbaren Widerstreits, der Reifung, der immer entschiedeneren Hinwendung zu seiner Lebensaufgabe – und deutet mit diesem dunklen Wort nur obenhin an, wie tragisch diese Epoche gewesen ist, wie sie trotz starker Farbigkeit, trotz Vielfalt lebendigen Lebens, trotz warmer Freundschaften immer wieder in ihm die Erkenntnis aufsteigen ließ, daß er mit seinen Ideen völlig alleine stand. «Oase» – das Wort zeigt nicht nur erlösende Fruchtbarkeit an, sondern auch den Umkreis Wüste, dem er sich ausgeliefert gefühlt hat.

In Weimar hat er – gleichsam am eigenen Leibe – die Polarität durchlitten, die schmerzhaft mit dem Leben auf dieser Erde verbunden ist und die zu erkennen und fruchtbar zu machen die wichtige Aufgabe bewußten Menschentums ist. Dunkelheit ist, wie Goethe wußte, nicht nur Abwesenheit von Licht, sondern existierende, ja notwendige Macht. Steiner erfuhr nun an sich selber das, was er schon in Wien bei der Arbeit an der Kürschnerschen Ausgabe als fruchtbare Erkenntnis Goethes bewundert hatte: die Zwiespältigkeit des Daseins, die zu erleben, zu erleiden, zu erkennen und zu bejahen notwendig ist, hat sich in dieser Weimarer Zeit wieder und wieder bis in anscheinend belanglose Äußerlichkeiten hinein für ihn gezeigt.

Rudolf Steiner hat sich oft an Weimar erinnert – und nicht nur im Guten, wenn er auch im «Lebensgang», gereift und emporgestiegen, das Objektive dieser Zeit hervorzuheben und spirituell zu deuten suchte, da er rückblickend die schicksalsmäßige Notwendigkeit dieser Zeit erkannte. Seine Briefe damals aber sprechen eine andere, impulsive, oft bittere Sprache. In der Rückschau des «Lebensgangs» jedoch reiht er die Weimarer Zeit sogar ein in die wichtigste Epoche seines Lebens – und dies etwa ein Jahr vor seinem Tod.

Es ist also unbestreitbar, nach seiner eigenen Aussage, die Zeit und der Ort, wo sich Allerbedeutendstes für ihn ereignet hat; und es ist wohl berechtigt, Weimar und das, was ihm dort widerfahren ist, eben die entscheidende Epoche seines Werdens, näher zu beleuchten.

Goethe und Nietzsche, das waren die Feuer, die über dieser geheimen Entwicklung brannten: hell, wärmend, befruchtend und doch auch verzehrend, Wunden brennend, zwiespältig. In der Weimarer Zeit ist für diese beiden Geisteserlebnisse deutlich eine Zäsur, in der Rudolf Steiner seine «Philosophie der Freiheit» niederschrieb: die geistige Grundlage seines späteren umfassenden, weitreichenden Wirkens, der Anthroposophie. Es war die endgültige Fassung jahrelangen denkerischen Bemühens.

Schon mit dem Titel setzt er das Ziel: den Erkenntnisweg darzulegen, der das individuelle Geistige im Menschen gedanklich wieder mit dem Geistigen im Kosmos, aus dem es stammt, zusammenführt. In diesem Buch hat er, von Goethe ausgehend, die Möglichkeit eines freien Willens dargestellt, der, Herr seines Denkens, sich in selbständiger Tat entwickelt und die Gegensätzlichkeit von Geist und Materie aufzuheben imstande ist. Die Schrift versucht darzulegen, wie in der Zeit des Materialismus individuelle Menschenwürde bewahrt werden kann.

Weimar – das Weih-Moor in der Mitte Europas – spielt eine besondere Rolle in der Entwicklung Europas, wenn auch eine unauffällige und verschwiegene.

Noch heute sind die Straßen unverändert erhalten, die Wege, wie sie zu Steiners Zeiten waren. Man kann sie nachgehen, wie er sie in den sieben Jahren seiner Weimarer Zeit gegangen ist. Er berichtet im «Lebensgang», wie er Rietschels Doppelstandbild von Goethe und Schiller vor dem Theater wie einen Zentralpunkt europäischen Geistes empfunden habe. So steht das Denkmal noch heute, unverändert und beredt, an etwa gleicher Stelle.

Noch heute kann man, das Monument hinter sich lassend, abwärts durch den engen «Zeughof» gehen, weiter durch die schmale «Rittergasse», über den «Herderplatz», der, mit beherrschender Kirche, dem «Sächsischen Hof», Goethes erster Wohnung, und jenem schöngiebligen Renaissancehaus, in dem Karl Augusts Geliebte Caroline Jagemann wohnte, einen wunderbar geschlossenen Raum bildet. Abermals abwärts, durch die kurze, schluchtähnliche «Vorwerksgasse» führte ihn der tägliche Gang zu seiner Arbeitsstätte ins Schloß. Dort lag die ersten sechs Jahre nach dem großzügigen Testament des letzten Goetheenkels Walther von Goethe der kostbare Goethesche Nachlaß im zweiten Stock des Gebäudes östlich über der Ilm zu Füßen des Hügels der «Altenburg», der damals die Stadt abschloß.

Dies alles zeichnet noch heute, wenn man will, bildhaft sichtbar, Steiners Weimarer Zeit nach: enge Straßen führen um umschlossene Plätze mit Altbewahrtem; und hoch über fließendem Fluß liegt aufgehoben, emporgehoben, die kostbare, unaus-

Herderkirche

Sächsischer Hof

Seiteneingang zum Schloß (Museum)

schöpfbare Hinterlassenschaft Goethes – wenn man es sehen will, alles ein Sinnbild für die Bedeutung Weimars für Steiner.

Ein halbes Jahrhundert lang hatte nach Goethes Tod die gebildete Welt darauf gewartet, daß sich endlich seine Schränke öffneten und einen Blick tun ließen auf die Handschriften, auf alles Verborgene, Veränderte, Unvollendete, vielleicht Unbekannte. Bis dahin hatten die beiden Enkel dies scheu verwehrt, um nicht ihr eigenes unscheinbares und glückloses Dasein noch mehr unter dem erdrückenden Ruhm des Großvaters zu begraben: sie selber galten der Welt ja nur als seine Nachkommen. Nun endlich hatte der Letzte sich des Namens und Besitzes als würdig erwiesen und den gesamten handschriftlichen Nachlaß in eine öffentliche Hand gelegt, nämlich in die der Großherzogin Sophie von Sachsen-Weimar, von der er wußte, daß sie sich dieses weltweit wichtigen Erbes bewußt wäre. Und die Fürstin hatte sofort gehandelt: Sie hatte ohne Zögern in Körben und Kisten die kostbaren, inzwischen schmählich verstaubten Papiere ins Schloß holen lassen und dort für sie hoch oben über der Ilm einige Zimmer eingerichtet.

Zunächst saß sie selber tagelang, vor dem Staub durch lange Handschuhe geschützt, und blätterte das einmalig kostbare Erbe durch, bewunderte, bestaunte, entsetzte sich wohl auch hie und da mit prüdem Sinn und versuchte sogar, Antikirchliches, Erotisches oder gar Sexuelles zu ändern, ja zu vertuschen. Jedoch faßte sie sogleich großzügig den Plan einer Gesamtausgabe, die den schriftlichen Nachlaß insgesamt umfassen sollte: die «Sophien-Ausgabe». Sie berief als Ratgeber zu dem großen Werk den Vertrauten der Schwester ihres Gatten, Gustav von Loeper, der sich neben seinem wichtigen Dienst am Preußischen Hof auch als Herausgeber Goethescher Werke einen Namen gemacht hatte. Der seinerseits empfahl den Germanisten des Berliner Lehrstuhls Wilhelm Scherer sowie den jungen Professor Erich Schmidt aus Wien als Beirat zu dem wichtigen Werk; und dieses Gremium schlug im Juni 1886 neben bekannten Germanisten auch den jungen Rudolf Steiner aus Wien vor, der als Bearbeiter der Naturwissenschaftlichen Schriften Goethes bereits hervorgetreten war. Der Wiener Germanist Karl Julius Schröer hatte seinen jungen Famulus Steiner seinerzeit dem Verleger Joseph Kürschner empfohlen, um in dessen «Deutscher Nationalliteratur» die Naturwissenschaftlichen Werke Goethes nach den Texten der

«Ausgabe letzter Hand» zu edieren. 1884 war bereits der erste Band mit einem sich ganz selbständig einfühlenden Kommentar erschienen und hatte Steiners Namen bekannt gemacht.

Bereits im August 1886 aber starb der führende Germanist Wilhelm Scherer. Er wurde durch seinen Freund, den Kunstgeschichtler Herman Grimm, Bettina v. Arnims Schwiegersohn, ersetzt, während Erich Schmidt, da ihm das nun erfolgversprechender erschien, seinerseits Scherers Lehrstuhl in Berlin übernahm. So stand der Direktorposten des neuen Goethe-Archivs leer, und die Großherzogin wählte auf Herman Grimms Rat nun den Mann, der sich durch seine große Herder-Ausgabe bereits ein bedeutendes Verdienst auf dem Gebiet der Publizierung schwieriger Manuskripte erworben hatte, zum neuen Direktor dieser einmaligen Handschriftensammlung: Bernhard Suphan.

Im Mai 1889 taten es Schillers Erben, die Freiherren von Gleichen-Rußwurm, Walther von Goethe nach und übergaben den Nachlaß ihres Großvaters gleichfalls der Großherzogin Sophie. So wurde aus dem Goethe-Archiv ein «Goethe- und Schiller-Archiv».

Wie Kurt Franz David, der als erster die Akten des Archivs nach Rudolf Steiner durchforschte, festgestellt hat, gab Steiner bereits am 27. Juni 1886 aus seiner kleinen Stube in Brunn am Gebirge seine Zusage zur Mitarbeit an dieser «Sophien-Ausgabe», die heute «Weimarer Ausgabe» heißt – und zwar zur Herausgabe der Farbenlehre, für die er also zunächst vorgesehen war. Als sich aber dann unerwartet viele, bisher völlig unbekannte Schriftstücke in Goethes Nachlaß auffanden und der Stoff der Naturwissenschaften ungeahnt anschwoll, übernahm der Naturwissenschaftler Salomo Kalischer aus Charlottenburg die Herausgabe der «Farbenlehre», während Rudolf Steiner die Bearbeitung der «Morphologie» übertragen bekam.

Am zweiten August 1889, als Steiner in Weimar weilte, um einen ersten Überblick über seine künftige Arbeit zu erhalten, wurde sein Arbeitsgebiet zwischen ihm und Suphan folgendermaßen abgegrenzt:

«I. Morphologie: 1. Alles auf Botanik Bezügliche …
2. Alles auf Zoologie und Anatomie Bezügliche …
II. Mineralogie, Geologie, Meteorologie …
III. Zur Naturwissenschaft im Allgemeinen …»

Steiner hat lange Zeit gezögert, ehe er dann wirklich nach Weimar gegangen ist. Immer schien ihm die Vollendung seiner verantwortungsvollen Aufgabe, die er seit vier Jahren als Erzieher bei den vier Söhnen der Familie Specht in Wien übernommen hatte, noch nicht aufgebbar. Es war ihm dort gelungen, den zehnjährigen Otto, der an Hydrozephalie litt, so zu führen, daß er am öffentlichen Schulunterricht teilnehmen konnte. Vielleicht, so hat er wohl gedacht, war er hier noch ein wenig länger nötig. Es kann aber auch sein, daß ein dunkles Gefühl ihm sagte, daß es für Weimar und diese Aufgabe eben noch nicht an der Zeit war.

Endlich, vom 24. Juli bis zum 17. August 1889, hat er sich aufgemacht, um wenigstens einen ersten Einblick in die Schätze zu gewinnen, die er bearbeiten sollte. Zu seinem großen Erstaunen war das, was er dann an Handschriften im Weimarer Schloß vorfand, beträchtlich mehr als das, was er für Kürschners «Nationalliteratur» von der «Ausgabe letzter Hand» her kannte und, da es gedruckt vorlag, für seine Arbeit benutzt hatte. Hier aber war nun ein ungehobener Schatz, und er bestätigte ihm in beglückender Weise das, was er bei seiner bisherigen Editionsarbeit als wesentliche Tat Goethes gefühlsmäßig erkannt hatte. Es würde zwar viel Zeit, ja auch Mut brauchen, aus dem üblichen philologischen Verfahren herauszutreten und die neue Ausgabe nun so zusammenzustellen, daß Goethes besondere Naturanschauung deutlicher zutage trat.

Wie aber würde er nun an den neu entdeckten Zeugnissen beweisen können, wie recht er hatte mit seiner Anschauung über Goethes naturwissenschaftliche Bedeutung, die er bereits 1886 in einem eigenen Buch «Grundlinien einer Erkenntnistheorie der Goetheschen Weltanschauung» darzustellen gesucht hatte? Damals hatte er bewundernd festgestellt: «Das Voll- und Reinmenschliche schien mir in allem zu walten, was Goethe schaffend, betrachtend und lebend der Welt gegeben hat.» Wie würde er jetzt bis ins Einzelne diese Ansicht beweisen, durch Zeugnisse darstellen, ja im Geiste Goethes weiterführen können!

Steiner hat in diesen ersten Weimarer Wochen bei einer Frau Moschach in dem stattlichen Haus Ackerwand 4 eine Unterkunft gefunden, die allein ihn schon beglückte: Sie lag, gleichsam am Rande der Stadt, dem Park benachbart, und der Pavillon, in

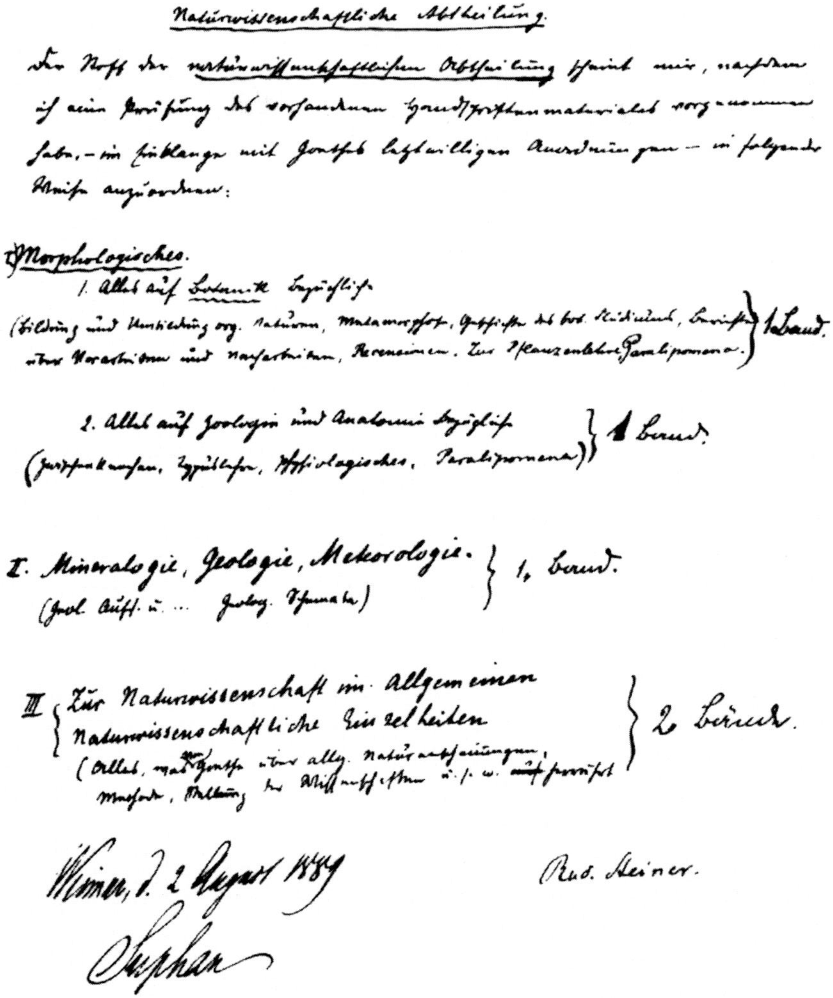

Naturwissenschaftliche Abtheilung.

Der Stoff der naturwissenschaftlichen Abtheilung scheint mir, nachdem ich eine Prüfung des vorhandenen Handschriftenmaterials vorgenommen habe, – im Einklange mit Goethes letztwilligen Anordnungen – in folgender Weise anzuordnen:

I Morphologisches.

1. Alles auf Botanik bezügliche (Bildung und Umbildung org. Naturen, Metamorphose, Geschichte des bot. Studiums, Schriften über Vorarbeiten und Nacharbeiten, Recensionen. Zur Pflanzenlehre, Paralipomena.) } 1 Band.

2. Alles auf Zoologie und Anatomie bezügliche (Zwischenknochen, Schädellehre, Physiologisches, Paralipomena) } 1 Band.

II. Mineralogie, Geologie, Meteorologie. (Geol. Aufs. u. ... Geolog. Schemata) } 1 Band.

III { Zur Naturwissenschaft im Allgemeinen
Naturwissenschaftliche Einzelheiten
(Alles, was Goethe über allg. Naturanschauungen, ~~auf~~ ... Methode, Stellung der Wissenschaften u. s. w. ...) } 2 Band.

Weimar, d. 2 August 1889 Suphan

Rud. Steiner.

Arbeitsplan vom 2.8.1889

dem Goethes Steinsammlung aufbewahrt war, ihm gerade vor Augen! Das blaue Dach des niedrigen Hinterhauses, in dem sich Goethes Arbeits- und Sterbezimmer befanden, ragte über die Gartenmauer herüber.

Täglich führte ihn der Weg zu seiner Arbeitsstätte im Schloß nun am Park entlang die abseitige Straße der Ackerwand hinab, vorbei am Haus der Frau von Stein. Weiter dann durch den langgezogenen rechteckigen Raum, den querstehend das Fürstenhaus zur Linken, der Rokokobau der Bibliothek zur Rechten, weiterhin das Rote und das Gelbe Schloß auf der einen Längsseite und auf der anderen, halb verborgen im Tal, das Reithaus an der Ilm bildeten. Vor ihm wurde durch das querliegende Schloß mit der zierlichen Bastille der Platz abgeschlossen. Er ging also täglich, von Schönheit umfaßt, dahin und schaute mitten in das abschließende Viereck des Schloßhofes hinein, der damals noch offenstand. In seinem Rücken ragte das Reiterstandbild Karl Augusts auf, zu seiner Linken die Statue «Schlaf und Tod», die Goethe einst so bewunderte, daß er ihre Kopie dreifach aus dem Mannheimer Kunstkabinett nach Weimar hatte holen lassen. Goethe selbst hatte einst aus dem Gewirr von Wassergräben und Brücken um die Ruine des abgebrannten Schlosses, die er 1775 bei seiner Ankunft in Weimar vorgefunden hatte, diesen geschlossenen, klassisch schönen Raum geplant, um die Zarentochter Maria Pawlowna als Thronfolgerin in Weimar würdig zu empfangen. – Der tägliche Weg schon führte ihn also mitten durch Weimarische und Goethesche Geschichte.

Allein dieser Gang durch Kunst und lebendige Vergangenheit mag Rudolf Steiner, der, wie er berichtet, geistig noch ganz im Platonismus eingetaucht war, jeden Morgen aufs neue beglückt und bereichert haben. Mit welcher Erregung aber hat er vermutlich als erster Bänder und Stricke von den noch zugeschnürten Faszikeln und Mappen Goethes gelöst! Mit welchem Staunen die unterschiedlichen Handschriften von John, Geist, Kräuter, Riemer, Eckermann und anderen entdeckt und kennengelernt, mit welcher Erschütterung gesehen, wie energisch, ja heftig Goethe mit seinen Korrekturen oder Nachträgen in roter oder schwarzer Tinte oder Blei in die Niederschriften hineingefahren war! Mit welcher Ehrfurcht mag er dann seine Augen immer wieder auf ganzen vollständigen Seiten der unverwechselbaren weitschwingenden vorwärtsdrängenden Schriftzüge Goethes haben ruhen lassen! Wie mag er gestaunt haben über achtlos abgerissene Zettel, gebrauchte Briefumschläge, auf denen Goethe

«In der Festeszeit
meines Lebens»

Ackerwand 4
Wohnung Rudolf Steiners
mit Blick
in Goethes Garten

Goethes Garten

eilig und unbekümmert wichtige Erkenntnisse oder intuitive Einfälle kurz festgehalten hatte. Wie mögen seine Sinne die grauen, gelben, bläulichen Farbtöne der alten Papiere sowie ihren nun stickigen Geruch aufgenommen haben – er als einer der ersten durfte dieses alles erleben! Er konnte Blätter, die Goethes Hände gehalten, in seinen eigenen fassen, sie befühlen, sie mit allen Sinnen, ja mit der Seele erleben, innerlich wahrnehmen. Lebendige Gedanken waren in diese Schriftzüge hineingestorben – durch seine Augen, in seiner Seele konnten sie nun auferstehen. Aber er hatte ja nicht nur zu genießen, er mußte alles gleichsam mit sachlicher Aufmerksamkeit registrieren und bewußt beurteilen, um es für den Druck zu ordnen. Er mußte versuchen, eben nach der Papierart, nach dem Schreiber oder nach dem Duktus der sich in den Jahren leise verändernden Handschrift Goethes durcheinandergeratene Dokumente zeitlich zu bestimmen und einzuordnen.

Das makellose Glück, das ihn in diesen ersten Weimarer Wochen erfüllt hat, tönt aus all seinen Briefen wider und hat wohl angehalten über alle Mißhelligkeiten der Weimarer Zeit hinweg, ja bis ans Ende seiner Erdentage. «Goethe wurde für mich zu einer Art Leitgenius», so sagt er 1915, und im neunten Kapitel des «Lebensgangs» bekennt er: «Mein durch einige Wochen dauernder Aufenthalt in der Goethe-Stadt war für mich eine Festeszeit meines Lebens. Ich hatte jahrelang in Goethes Gedanken gelebt; jetzt durfte ich selber an den Stätten sein, an denen diese Gedanken entstanden sind. Unter dem erhebenden Eindrucke dieses Gefühles verbrachte ich diese Wochen.

Ich durfte nun Tag für Tag die Papiere vor Augen haben, auf denen die Ergänzungen zu dem standen, was ich vorher für die Goethe-Ausgabe der Kürschnerschen Nationalliteratur bearbeitet hatte. Die Arbeit an dieser Ausgabe hat in meiner Seele Goethes Weltanschauung ergeben. Jetzt handelte es sich darum, zu erkennen, wie dieses Bild bestehen kann im Hinblick darauf, daß sich vorher Nichtveröffentlichtes über Naturwissenschaft im Nachlasse vorfand. Mit großer Spannung arbeitete ich mich in diesen Teil des Nachlasses hinein.»

Rudolf Steiner kehrte Mitte August 1889 zurück in seine Heimat; zunächst nach dem Erholungsort der Spechts in Unterach am Attersee; sodann zu seinen Eltern nach Brunn am Gebirge. Dort entwarf er in seinem kleinen fußkalten Zimmer, das unmittelbar über einer Toreinfahrt, durch die ratternde Wagen fuhren, lag, nach den in Weimar aufgefundenen neuen Texten den Plan für jene Bände der Sophien-Ausgabe, die er bearbeiten sollte. Er hatte die Absicht, die ihm schon bei der Kürschnerschen Ausgabe vorgeschwebt hatte, Goethes Gestaltenlehre, seine tiefe Einsicht in die Metamorphose alles Lebendigen, als fruchtbare Erkenntnis faßbar und nachweisbar im einzelnen darzustellen. Die nun neu entdeckten Schriften, die sich ihm so unerwartet in Weimar dargeboten hatten, noch deutlich im Gedächtnis, plante er, ungeachtet aller genauen historischen Folge und Vollzähligkeit, eine Anordnung in der neuen Ausgabe nach seinem Sinn. Seine Arbeit sollte die Neuheit und Wahrheit der Goetheschen Anschauung, wie er sie erkannt hatte, deutlich faßbar darlegen: jene anschauende Urteilskraft, daß die Natur Bildungsgesetze habe, die dem geistigen Auge des Menschen wahrnehmbar und schöpferisch nachvollziehbar seien.

Suphan, in den kurzen Herbsttagen 1889 fasziniert von den für ihn ganz neuen Ideen, hatte zunächst begeistert zugestimmt und war dann nach Steiners Abreise wieder nachdenklich und zweifelnd geworden. Vorsichtig hatte er seine Mitredaktoren nach ihrer Meinung gefragt und schrieb am 6. April 1890 einen Brief an Steiner über das Ergebnis, der in seiner impulsiven, gewandten, aber labilen Art bezeichnend ist und den Steiner in Brunn am Gebirge empfangen haben muß:

«Das kleine Schriftstück ex gremio redactorum ... will absichtlich nur die *Umrisse* einer Anordnung geben, alles andere ist vom Übel und könnte nur hemmen ... Ich will das Imprimatur nicht erteilen, ehe ich Ihre Antwort darüber habe, daß Sie einverstanden sind mit der Art, wie Ihre Mitarbeit gedacht ist. Schreiben Sie mir aber bitte umgehend oder telegraphieren Sie mir in aller Kürze. Es genügt Professor Suphan Einverstanden. So fange ich schon an, Sie zu bevatern. Kommen Sie gesund herüber, dann bereden wir alles Übrige.»

Zunächst, so entschloß Steiner sich, wollte er seine erzieherische Aufgabe bei den Spechts vollenden. Die Ahnung, daß dieser Weimarer Auftrag vielleicht gar nicht die ihm gemäße Aufgabe war, verließ ihn wohl nicht.

Ein Briefwechsel ging indes fast freundschaftlich hin und her. Steiner übersandte Suphan seine bisher erschienenen Schriften. Mitte Januar 1890 schickte er seine «Grundlinien einer Erkenntnistheorie der Goetheschen Weltanschauung mit besonderer Rücksicht auf Schiller». Das Exemplar ist erhalten. Steiner hat rechts oben auf dem gelbpapierenen Umschlag seine Widmung geschrieben: «Dem hochgeschätzten

Herrn Prof. Dr. B. Suphan als Zeichen dankbar-treuer Gesinnung Der Verfasser.» Es ist bezeichnend, daß Suphan das Buch nur angelesen hat: nur einige Seiten sind aufgeschnitten. Ludwig Geiger indes führt die Schrift, die im Verlag Spemann Berlin und Stuttgart im Jahre 1886 erschien und im Rahmen der Arbeiten für Kürschner geschrieben worden war, in der Bibliographie des Goethe-Jahrbuches 1887 an unter Nennung des Titels, des Formats und der Begründung seiner Entstehung. Dazu die positiven Worte: «Da eine kurze Analyse des inhaltreichen, die wichtigsten Fragen behandelnden Werkchens unmöglich ist, so begnüge ich mich mit einem Abdrucke des Inhaltsverzeichnisses.» Er ließ die Reihe der Kapitelüberschriften folgen, die immerhin den Inhalt andeuten.

Daß der ganz junge Steiner hier bereits darzulegen versucht hatte, welche wichtige ganzheitliche Bedeutung der Goetheschen Forschung zukam, wurde weder von Geiger noch von Suphan bemerkt. Man möchte glauben, daß über aller Arbeit und förderlichen Erkenntnis hinweg, über alle Gegenwart hinaus da wohl eine nur erahnbare Schicksalsbeziehung zu Goethe neu vertieft wurde.

Die eigenständige neue, fruchtbare Anschauung, die Steiner bereits bei der Herausgabe der Kürschnerschen Ausgabe gewonnen und die er schon 1886 in seiner Schrift «Grundlinien einer Erkenntnistheorie der Goetheschen Weltanschauung» dargelegt hatte, reifte 1888 zu der Zusammenfassung: «Goethe als Vater einer neuen Ästhetik». Die Überzeugung, daß Goethe mit seinen naturwissenschaftlichen Betrachtungen der Welt etwas ganz Besonderes, Wegweisendes gegeben hatte, gestaltete er hier zu der klaren Darlegung, daß mit der Metamorphosenlehre wie mit der Farbenlehre, mit dieser Betrachtung der Welt, der Menschheit ein Weg zur Heilung und Weiterentwicklung fort von einseitigem Materialismus gezeigt worden war. Er ahnte nicht nur, er wußte es: Um dieser neuen, dieser besonderen Deutung willen, diese auszuarbeiten, deutlich zu machen, sie fortzusetzen und aus den Goetheschen Impressionen eine Methode, eine faßbare, einleuchtende Erkenntnis zusammenzufügen, die sich überall anwenden lassen könnte, fühlte er sich nach Weimar berufen. Er mußte durch seine Publikation in dieser neuen Ausgabe, so glaubte er, nunmehr seine eigene umfassend deutende Auffassung der Goetheschen Naturbetrachtung klarlegen, so daß sie für jeden zur eigenen Bereicherung im Denken und zum Ergreifen aller Lebensgebiete nachzuvollziehen, ja fortzuführen wäre. Immer gewisser wurde in ihm die Überzeugung, daß Goethe vor allem eines hatte zeigen wollen, nämlich allenthalben den schaffenden Geist in der Materie zu erfassen und die Materie zu erkennen als geronnenen Geist. Es galt ja nur «die dünne Wand», die überall den schöpferischen Gedanken vom Physischen trennte, durchbrechen zu lernen und dadurch die drei voneinander getrennten Ströme Kunst, Religion und Wissenschaft wieder zu vereinen. Dies als Lehre, als hilfreichen Weg für jedermann und auf allen Gebieten darzulegen, weiter auszubauen, mußte die Grundlage seines eigenen Fortschreitens, ja seines Lebenswerkes werden!

Die Tatsache aber, daß er, der Naturwissenschaftler, zunächst in dieser Ausgabe als exakter Philologe ein genaues, gesichertes historisches Fundament der Texte hätte herstellen müssen, ließ er über seinem eigenen hohen Plan gänzlich außer acht. Es schien ihm angesichts der bisher unbekannten Handschriftenschätze, die ihm seine Auffassung bestätigten, nebensächlich. Im Gegenteil, am 15. Oktober 1890 schreibt er an Ladislaus Specht: «Nach meiner Überzeugung müssen diese Teile des Nachlasses in ganz anderer Art verarbeitet werden ...» Obwohl er auch erkennt: «Meine Sachen bringen also in gewisser Hinsicht eine Unebenheit in die Ausgabe.»

Diese Erkenntnis aber sollte schwere Schatten über seine Weimarer Zeit werfen und seinem ganzen Lebenswerk schaden. Die immer von neuem wiederholte und berechtigte Kritik an seiner Editionsarbeit bot Anlaß, sein gesamtes späteres Schaffen fragwürdig zu machen. Noch am 30. November 1921 griff der Aachener Geologe Professor Dr. Dr. Max Semper in der großen «Kölnischen Zeitung» spaltenlang «den Anthroposophen und Soziologen Rudolf Steiner» um seiner Arbeit am Archiv willen mit scharfen Worten an. Er schrieb: «Wenn es nur irgendwie ginge, sollte man die vom Herrn Steiner besorgten Bände der Weimarer Goethe-Ausgabe einziehen, einstampfen und neu herausgeben, denn sie taugen nichts; sie sind nichtswürdig gearbeitet.»

Daß Steiner solche Urteile insgeheim vorausahnte, vielleicht vorauswußte, läßt ein Wort vermuten, das er am 9. August 1889 bereits an Richard Specht in Wien schrieb: die Arbeit am Archiv «ist ein Licht über dem Horizont des Lebens, wenn er sich auch noch so hat verfinstern wollen».

«Wenn er sich auch noch so hat verfinstern wollen» – welch ein Wort! Voller Ahnung? Sah er hellsichtig alle Trübnis voraus, obwohl er noch mitten im Lichte stand? Gab er trotzdem nicht auf, weil er, tief beeindruckt, eben wie Goethe «das Dunkel» als selbständige Macht, als Kraft annahm, als notwendigen Gegenpol? Und ahnte er, daß schließlich eben auch negative Stimmen dazu dienen würden, seinen Namen und sein Werk selbst in gleichgültigen Kreisen bekannt zu halten? Wie es auch sei, aus dem «Berghof» in Unterach, wohin er aus Weimar zu dem Erholungssitz der Familie Specht zurückgekehrt war, bekennt er am 1. September 1889 dem vertrauten Jugendfreund Lemmermeyer beglückt: «... es ist ein Gefühl ganz eigener Art, wenn man auf dem Boden Weimars herumwandelt. Es ist, als ob sich plötzlich alles, was wir über die größten Geister unserer Nation gedacht und gesonnen haben, neu belebte, als ob wir es jetzt besser fühlten, *tiefer* empfänden.»

Die jungen Mitarbeiter des Archivs, der Archivar Dr. Julius Wahle und der Assistent Dr. Eduard von der Hellen, hatten den Ankömmling sogleich freudig empfangen. Es waren ja wenige, nur Auserwählte, die zu dieser Arbeit nach Weimar berufen worden waren. Wie sehr es «Auserwählte» waren, im tieferen Sinne des Wortes, das allerdings würde erst die Zukunft lehren.

Noch am Tage seiner Ankunft führten die jungen Kollegen Steiner hinaus nach dem nahen Schlößchen Tiefurt – über die Ilm, über die Brücke hinweg, bergauf, dann durch die grüne Halle eines Wäldchens, des «Webichts» –, und so überschritt er bereits in den allerersten Stunden seines Weimarer Aufenthaltes in heimlicher Bedeutsamkeit den Hügel, der, ein verborgener Spiegel, sämtliche Erlebnisse dieser Jahre auffangen sollte: «die Altenburg» – denn nur über sie führt der Weg nach Tiefurt.

Julius Wahle war Student bei Erich Schmidt in Wien gewesen und bereits im Jahre 1888 von diesem in einer Art selbständiger Entscheidung an das Archiv mitgenommen worden, nicht mit voller Zustimmung der Großherzogin. Gleichaltrig mit Steiner, arbeitete Wahle zunächst mit an der Herausgabe der Tagebücher Goethes. Als Sohn einer reichen Kaufmannsfamilie stammte er aus Wien und sprach also für Steiner heimatlich klingenden Dialekt; so entstand sogleich zwischen beiden Vertrautheit. Wahle, ein sprühend lebendiger, witziger Intellektueller, war äußerlich und innerlich völlig anders geartet als Steiner: ein kleines Dreieck von Gesicht unter drahtigem, lockigem Haar, stechende dunkle Augen über einer scharf gebogenen Nase, üppige

Goethes Gartenhaus

Zimmer
im Gartenhaus

Lippen kaum geschlossen über großen, ein wenig vorstehenden Zähnen. Von kleinem Wuchs und mager, wirkte er zierlich und hatte frauenhaft kleine, aber knochige Hände. Eigentlich hatte er Schauspieler werden wollen und hätte wohl alles Talent dazu gehabt. Aber seine Gestalt verdarb ihm in damaliger Zeit diesen Wunsch. So suchte er sich wenigstens seine Freunde in den Kreisen des Theaters und öffnete diesen lebendigen, farbigen Lebenskreis sogleich auch für Steiner.

Auch Eduard von der Hellen, der andere Mitarbeiter, war noch jung, im Gegensatz zu Wahle aber ein stiller, in sich gekehrter Westfale, dessen reale Nüchternheit, mit der er alle Dinge auffaßte, auch die seiner Arbeit, dem in die Tiefe gehenden Steiner oft auf die Nerven ging. Er war beteiligt an der Veröffentlichung der Briefe Goethes. Er brachte mit einem intensiven, linksorientierten Interesse für Politik eine ganz besondere Note in den Kreis. Mit seiner jungen, charmanten Frau Martha, die aus hohen Berliner Offizierskreisen stammte und, seltsam melancholisch, ihr zweites Kind erwartete, verband Steiner eine besondere Zuneigung. Als von der Hellen 1895 aus dem Goethe- und Schiller-Archiv ausscheiden mußte und, zu aller Überraschung, zum Nietzsche-Archiv überwechselte, hat Steiner gegenüber Schröer am 3. November 1894 wenig positiv über ihn geurteilt, indem er sich seiner nüchternen, lieblosen Objektivität erinnerte.

Zum Schicksal aber wurde ihm der Direktor des Archivs: Professor Dr. Bernhard Suphan. Und das zeigte sich sogleich. Suphan kam ihm in übertrieben liebenswürdiger Weise entgegen. Steiner aber bekennt bereits am 15. Oktober 1890 dem Freunde Ladislaus Specht: «Mein Verhältnis zu Suphan ist überhaupt ganz eigentümlich. Ich habe Ihnen schon geschrieben, daß er mich gleich in den ersten Tagen zu seinem besonderen Freund *«ernannt»* hat. Mir fehlt aber, sozusagen, der rechte Glaube.» Und an anderer Stelle erwähnt er skeptisch, daß Suphan gesagt habe: «… er hoffe nun endlich in mir nicht nur einen Helfer im Archivdienste, sondern eine geistige Stütze zu finden, wie er sie seit seiner Ankunft in Weimar sucht».

«Der gemischte König» des Goetheschen «Märchens» schien ihm hier leibhaftig entgegenzutreten. In der Tat, Suphan war ein zwielichtiger Mann; er war hochbegabt und kenntnisreich, glühend ehrgeizig und geltungsbedürftig. Sein Äußeres nahm keineswegs für ihn ein: nur mittelgroß und untersetzt, hatte er ein kleingeschnittenes, rundes Gesicht mit spitzer Nase unter bereits schütterem, fahlem Haar. Vor allem aber: er schielte auffällig. Es war, als ob dieser Augenfehler etwas Kennzeichnendes über ihn aussagte: Er konnte mit bestrickender Liebenswürdigkeit für sich einnehmen, vermochte auf der einen Seite lebhaft, witzig und klug zuzustimmen, um andererseits ebenso überzeugend, ja wohl selber überzeugt, das gleiche scharf anzugreifen und in Frage zu stellen, ja ein vernichtendes Urteil darüber von sich zu geben. Die Vermutung liegt nahe, daß dem hochgebildeten Mann diese Labilität selber schwer zu schaffen gemacht hat, so sehr er sie auch zu nutzen verstand. Beides aber hat Steiner wie auch alle übrigen Mitarbeiter belastet. Die hohe und einflußreiche Stellung, in die Suphan schon in jungen Jahren durch Scherers frühen Tod gelangt war – er war mit zweiundvierzig Jahren zu der einmaligen Stellung am Archiv berufen worden –, machte ihn nun zum unterwürfigen Höfling. Zwar verehrte er die Großherzogin Sophie wohl aufrichtig; aber allzeit um seine Stellung besorgt, bemühte er sich, ihr immer tunlichst zuzustimmen.

Ihre kleine, einst zierliche Gestalt, mit den Jahren füllig geworden, trug ein Gesicht von markantem Gepräge: breite Stirn, breite Nase, breiter Mund und dazu schmale, kühl und scharf blickende Augen. Sie war allseitig gebildet und zu ihrer großen sozialen Aufgabe bewundernswert tätig bereit. Aber, aufgewachsen in einem absolutistischen Staat und vielleicht auch befangen durch ihr Äußeres, schirmte sie sich zunächst allzeit durch streng gewahrte Etikette ab und forderte auf diese Weise einen Respekt und einen Abstand, der ihr auf Grund ihres menschlichen Wertes ohne weiteres zugestanden worden wäre. Sie herrschte, und Suphan begegnete ihr in devoter Untertänigkeit. Während Großherzog Karl Alexander, bis zu seinem vierzehnten Lebensjahr geliebter Zögling Goethes, jedem Menschen unkonventionell freundlich gegenübertrat, schuf sie zunächst eine Kluft um sich.

Beide Fürstlichkeiten ließen sich den neuen Mitarbeiter sogleich persönlich vorstellen: er wurde «zu Tafel» geladen, und dies mag dem bisher ein wenig bohèmehaft lebenden Studenten Steiner von einfacher Herkunft, vielleicht sogar ohne entsprechende Kleidung, nicht einerlei gewesen sein. Aber im Grunde seiner selbst bewußt, gab er sich ungezwungen, und sein österreichischer Charme gewann die Großherzogin schnell, so daß sie ihn sogleich in ein lebhaftes Gespräch zog und sich ausdrücklich die Niederschrift jenes Vortrages erbat, den er nach seiner Rückkehr in Wien im dortigen Goethe-Verein über Goethes «Märchen» zu halten beabsichtigte. Er muß ihr wohl seine Auffassung, daß Goethe in diesem Werk seine tiefe Weltsicht in poetischen Bildern verdichtet hatte, lebendig dargestellt haben. Unbekümmert ließ er sie aber dann aus Wien vertrösten, er habe im Augenblick kein Freiexemplar zur Verfügung. Im Rückblick scheint es wie ein Schachzug des Schicksals: im Untergrund aller neuen Erkenntnisse Steiners über Goethe stand die Ahnung, daß eben sein «Märchen» verhüllt die tiefe Einsicht in den Sinn des Erdenlebens zeige. Vielleicht würde die kluge Frau ihre Hand wirkungsvoller über den Neuling gehalten haben, wenn sie in diese ganz eigene neue Deutung des «Märchens» eingeweiht gewesen wäre: Er aber hatte in diesem wichtigen Fall kein Freiexemplar zur Verfügung.

Die Großherzogin, nun maßgebende Besitzerin des kostbaren Goethe-Erbes, war es selber gewesen, die der Berufung Rudolf Steiners nach Weimar zugestimmt hatte. Sie muß wohl im ersten Band der Kürschnerschen Nationalliteratur seine Einleitung über Goethes naturwissenschaftliche Forschung gekannt haben, denn, wie Kurt Franz David feststellen konnte, sie hat am 21. November 1885 an Erich Schmidt, den damaligen Direktor des Archivs, einen Brief geschrieben mit folgendem Absatz: «Als ich Sie in Belvedere gesehen habe, wollte ich Sie fragen, wie die Publication Goethes Naturwissenschaftlicher Schriften durch Rudolf Steiner in den maßgebenden Kreisen der wissenschaftlichen und der Goethe-Forschung angesehn und beurteilt wird ... Bei meiner Rückkehr möchte ich gern eine Antwort ... erhalten.» Am 23. November 1885 konnte Erich Schmidt nur antworten: «Über Herrn Rudolf Steiner werde ich mich sogleich näher informieren.» Er und Wilhelm Scherer schätzten, wie man weiß, Schröer und seine Ideen über Goethes «Faust» keineswegs, und so ist anzunehmen, daß Erich Schmidt auch über «Schröers Genossen Steiner» sehr wohl informiert war und von sich aus keineswegs gewillt, ihn unter die Mitarbeiter an der Sophien-Ausgabe einzureihen. Es war also nur der Großherzogin Sophie zu verdanken, daß Rudolf Steiners Name in die Liste der ersten Mitarbeiter aufgenommen worden war. Ihre Gunst jedoch wurde durch Steiners Unbekümmertheit zumindesten nicht gefördert, und es sieht so aus, als habe er im Grunde selber unbewußt mitbewirkt, daß seine Zeit in Weimar sieben Jahre und nicht länger dauerte. Übrigens ist nicht auszudenken, so folgert Kurt Franz David mit Recht, *wie* schwierig Rudolf Steiners Mitarbeit am Archiv erst geworden wäre, wenn Erich Schmidt Direktor des Archivs geblieben wäre.

Doch auch Suphan wurde nun sein bedeutsamer Gegenspieler in den Weimarer Jahren. Auch er war Anhänger der strengen Schererschen Schule. Dem Philologen Wilhelm Scherer – maßgebend für die Germanistik damaliger Zeit – galt buchstabengetreue Übertragung eines Textes und historisch genaue sachliche Verfolgung von Stoff und Motiv als wichtigste wissenschaftliche Aufgabe. Man sollte die Sachlichkeit moderner naturwissenschaftlicher Methode auch in der Literaturwissenschaft anwenden, und die meisten zur Arbeit am Goethe-Archiv berufenen Persönlichkeiten folgten dieser Methode.

Großherzogin Sophie

Viele Angriffe, unter denen Steiners Arbeit am Archiv wie auch seine Person und später sein gesamtes Wirken zu leiden hatten, sollten von dem Manne kommen, der ihm vorgesetzt war, der ihm zunächst so liebenswürdig begegnete und der ihn uneingestandenermaßen doch wohl im tiefsten Grunde um seiner äußeren und inneren Vorzüge willen beneidete. Die fruchtbaren selbständigen Schlußfolgerungen, die der Neuling aus Goethes Werk zog und weiterzudenken versuchte, imponierten ihm, ja, sie leuchteten ihm wohl ein. Er war ein in der klassischen Literatur glänzend geschulter Mann und durch seine langjährige Arbeit an Herders tiefgründigen Ideen mit außergewöhnlichen Gedanken durchaus vertraut – aber er hatte nicht den Mut, neue Ideen selber zu verteidigen oder gar sie durchzusetzen. Und in gewissem Sinne war er im Recht: zunächst war es die Aufgabe des Archivs, das überkommene Erbe Goethes archivarisch aufzuzeigen und festzuhalten. Jener Wunsch Goethes, den er am 19. November 1830 anläßlich der Abfassung seines Testaments im Gespräch mit dem Kanzler von Müller geäußert hatte, war zunächst nicht die Aufgabe des Archivs. Er hatte außer dem «liebevoll Bewahren» gefordert: «daß meine Verlassenschaft liberal, in meinem eigenen Sinne behandelt werde, daß man nicht pedantisch und lieblos damit verfahre, sondern daß die Überlebenden, Schaltenden und Waltenden mich gleichsam fortzusetzen, allenthalben zu verfahren suchen».

Bernhard Suphan

Steiner war mit einer der ersten, der bewußt diese Forderung zu verwirklichen strebte.

Die heimliche Abneigung, die Steiner mit sicherem Gefühl sogleich gegen Suphans ihm so konträre Art hegte, wurde in Weimar zunächst völlig durch die Erkenntnis verdrängt, welch tragisches Geschick diesem Mann persönlich beschieden war: zweimal in jungen Jahren Witwer geworden, war er mit zwei unerzogenen Söhnen von fast dreizehn und sieben Jahren, Martin und Ludwig, zurückgeblieben und versuchte, mit unzulänglichen Hausdamen sein privates Leben zu meistern.

Steiner sah dieses Schicksal mit doppelter Anteilnahme, da er in der Familie Specht in warmherzigster, ungestörter Atmosphäre Hauslehrer und Erzieher hatte sein dürfen. Er erkannte mit erfahrenem Blick und hilfsbereitem Herzen die Problematik des Suphanschen Lebens und suchte das Seine zur Hilfe zu tun, indem er sich oft der Kinder annahm, ihnen bei den Schularbeiten half, sich an ihren Spielen beteiligte und zwischen ungeduldigem, heftigem Vater und unerzogen aufbegehrenden Söhnen vermittelte. So erwarb er sich schnell die Zuneigung auch der Kinder.

Martin, der ältere, berichtete noch als achtzigjähriger Mann mit warmer Dankbarkeit von Rudolf Steiner: Immer war er für uns da, so erzählte er. Für das Volksfest des Vogelschießens, das alljährlich hinter der Altenburg stattfand, habe er ihnen Groschen zum Karussellfahren zugesteckt, an die der grämliche Vater niemals dachte oder die er aus erzieherischen Gründen verweigerte. Und das Weihnachtsfest – es sei ein ungewöhnlich kalter Winter gewesen, 1890 –, aber dieses Weihnachtsfest, das sei einfach unvergeßlich. Steiner habe nicht das Geld zur Heimreise besessen, und so habe er bei ihnen den Heiligen Abend gefeiert. Da sei das Fest wirklich einmal ein richtiges Fest gewesen. Ja, wiederholte der nun sehr alte Mann sinnend, das war ein Fest …

Suphan bediente sich dankbar und ungescheut der Hilfe Steiners im persönlichen Bereich. Wenn er verreisen mußte, so bat er ihn, die Söhne zu hüten, und manche Briefe aus dem Anfang der Weimarer Zeit zeigen, wie Steiner sich der Familie freundschaftlich und hilfreich einzugliedern wußte.

Den zunächst freien, freundschaftlichen Umgangston zwischen Suphan und Steiner zeigt auch ein bisher wohl unbekannter Brief an Suphan. Suphan war mit dem älteren Sohn Martin in Helgoland auf Urlaub, und Steiner hütete Ludwig, den jüngeren, in dieser Zeit, und so schreibt er, handschriftlich mit Tinte, auf dem noch freien Bogen eines Briefes von Julius Wahle:

«*Weimar, 6. August 1891.*

Verehrtester Herr Professor:
Schröer, der in diesen Tagen nach Weimar kommt, fragt an, ob er den Brief des Altgrafen Salm, in welchem Goethe mitgeteilt wird, daß er zum Ehrenmitglied der ‹Mährisch-Schles. Gesellschaft zur Förderung des Ackerbaus, der Natur- und Landeskunde› ernannt wird, hier im Archiv kopieren dürfte. Er will nämlich einen kleinen Aufsatz über diese hochwichtige Angelegenheit schreiben, die ich nach Ihrer Anordnung für ihn treufleißigst eruiert habe. Ich schrieb ihm, wenn noch Zeit wäre, er solle sich direct an Sie wenden wegen jenes Briefes. Das läßt sich doch bei der Kürze der Zeit nicht mehr machen, und so frage ich denn bei Ihnen an, ob Sie ihm das Copiren jenes Briefes gestatten wollen. Der Brief enthält nichts als die Ernennung Goethes zum Ehrenmitgliede jener Gesellschaft. Schröer hat nämlich Goethes Dankschreiben auf diesen Brief vom 20. Juli 1817 auf dem Salmschen Schlosse zu Reitz entdeckt. Im Archiv befindet sich auch ein Conzept dieses Dankschreibens.

Ludwig habe ich in den letzten Tagen wiederholt gesehen; er ist recht munter und guter Dinge. Martin bitte ich von mir herzlichst zu grüßen. Ich stecke ganz tief in Band 7 zu dem nun – wohl schon morgen – die letzte Parthie des Textes an die Druckerei geht und von dem 8 Bogen bereits gedruckt sind. Heute nachts träumte ich schon von dem kritischen Apparate. Nun, weiter kann man die Leidenschaft doch nicht treiben!

Mit den besten Wünschen für Ihre Erholungsreise und den herzlichsten Empfehlungen bin ich

Ihr ergebenster Steiner.»

Der Brief liegt in den Akten des Goethe- und Schiller-Archivs.

präs. 2. 10. 91.

Persönlich

Wien, 30. September 1891

Geehrtester Herr Professor!

Während meiner Abwesenheit von Weimar ist mir eine Mitteilung geworden, bezüglich welcher ich nicht bis zu meiner Rückkunft warten möchte, um sie Ihnen, geehrtester Herr Professor, anzuvertrauen. Nach einer <u>vertraulichen</u> Nachricht Laistners werden Cottas <u>wahrscheinlich</u> zu gewinnen sein, um von mir eine philosophische Publikation in Verlag zu übernehmen. Ich freue mich sehr darüber und würde mich noch mehr freuen, wenn die Sache wahr werden sollte.

Ich weiss nicht ob von Seite der Cotta'schen Buchhandlung die Sache als vertraulich betrachtet wird; ich möchte aber jedenfalls, dass Sie, verehrtester Herr Professor, vorläufig der einzige Mensch bleiben, dem ich von der Sache gesagt habe.

Correctur habe ich zu meinem Erstaunen noch keine erhalten. Sollte Böhlau von seiner gewohnten Eilfertigkeit abgelassen haben?

An Marie und Ludwig schreibe ich noch heute.

In Treue
Ihr
Steiner

Ich treffe jedenfalls zum versprochenen Zeitpunkt in Weimar ein.

Noch ein anderer Brief liegt in den Akten des Archivs, den Steiner 1891 aus Wien an Suphan geschrieben hat, in kleinem Oktavformat handschriftlich dreieinhalb Bogen. Er ist unterschrieben: «In Treuen Ihr Steiner». Es ist unverkennbar Steiners Handschrift, aber mit seltsam weit auseinandergezogenen Buchstaben nach rechts in die Höhe strebend – ganz entgegen seiner sonstigen damaligen normalen Schrift. Die Buchstaben wirken seltsam unsicher, ja, irgendwie bewußt ein wenig verzerrt dahingeschrieben. «In Treuen Ihr Steiner»? Bereits am 20. Mai 1891 hatte er über den «Judas der Humanität, den falschen Herder-Apostel Suphan» geklagt. Man sieht es der Unterschrift an, wie gewollt, wie erzwungen sie geleistet worden ist. Eine kurze Unterschrift, nur drei Worte, und ein verdunkeltes Gesicht, ein nachdenklich zusammengepreßter Mund steigt bei diesen Schriftzeichen unwillkürlich vor dem Betrachter auf. Ohne Worte sieht man Qual und Bemühung des Abhängigen und Hin- und Hergerissenen.

Steiner war in Weimar überdies häufig krank oder fühlte sich körperlich nicht wohl. Bereits am 18. Oktober 1890 klagte er, daß ihm Weimars Luft physisch zu schaffen mache. Er fühlte die Dissonanzen dieser Zeit wohl bis ins Physische hinein.

Am 30. September 1890 war Steiner nach wiederholtem Aufschub für die sieben entscheidenden Jahre nach Weimar gekommen. Schon die Daten der Ankündigung seines Kommens sind beredt: Ich komme «im März» – «zu Ostern» – «im Mai» – «am 4. Juli» – «am 25. September» –! Auch die lange, einsame Bahnfahrt gehört wie ein äußeres Zeichen zu der nur erahnbaren Bedeutsamkeit dieses Schritts. Nun also war es wohl an der Zeit: Sieben Jahre – vielfältig, farbig und grau zugleich, reich an Menschenbegegnungen, dennoch in Einsamkeit nur auf sich selber gestellt, in einmalig bedeutender Stellung und doch mühsam ums tägliche Brot kämpfend, seltsame Zwischenzeit und doch wichtigstes Fundament für alles Kommende.

Er fand bei einer Frau Döbereiner in der Junkerstraße (heute: Trierer Straße) 12 zwei Zimmer, ein Wohn- und ein Schlafzimmer für fünfundzwanzig Mark – nicht nur im Verhältnis zu dem geringen Honorar, was er erhielt, ziemlich teuer; aber das Haus wirkte vornehm und lag in gutbürgerlicher Gegend. Steiner hat sich hier wenig wohl gefühlt. Erst fast ein halbes Jahr später, im darauffolgenden Februar, hat er nach dem Besuch des Schotten Henry Mackay, der ihm, merkbar aus anderem Land, wie ein

Schicksalsgenosse begegnete, sich die Räume einigermaßen persönlich eingerichtet. Doch es war Winter geworden, und wenn er nach langer Tagesarbeit in sein Zimmer kam, so war es kalt und ungeheizt. Überdies ärgerte ihn die Aufwartung, die ihm morgens saubermachte, weil sie, trotz aller Ermahnungen, seine Bücher immer wieder nach ihrem Sinn ordnete, indem sie sie sorgfältig der Größe nach aufstellte und dadurch für ihn Wichtiges in Verwirrung brachte. So bedeutete die Schreibtischlampe, die ihm die Spechts zu Weihnachten 1891 schenkten, eine besondere Freude – dies war Licht und Wärme von daheim!

Das Haus, in dem er die ersten zwei Weimarer Jahre verbrachte, steht heute noch kaum verändert; die Straße aber heißt heute Trierer Straße und ist durch moderne Umlenkung des Verkehrs qualvoll eng und laut geworden, während sie doch zu Steiners Zeit im vornehmen, ruhigen Westviertel der Stadt lag. Daß ganz in seiner Nähe, Junkerstraße (Trierer Straße) 4, damals zu gleicher Zeit die von ihm hochgeschätzte Schriftstellerin Gabriele Reuter wohnte, die sich – ähnlich wie er – in Weimar fremd fühlte, mag ihm tröstlich gewesen sein. Wenn man sich heute die Mühe nimmt, das Haus, in dem er die zwei ersten Weimarer Jahre verbrachte, wenigstens von außen anzusehen, so enthüllt sich in einem Augenblick – also mit einem Blick des Auges – sogleich die ungute Situation, in der diese erste Weimarer Zeit verlief. Statt, wie er gehofft, freien Raum zu finden, war er in bürgerliche Enge eingeklemmt. Nach zwei Jahren erst befreite ihn die offensichtlich von sinnvollem Schicksal herbeigeführte Beziehung zu Frau Anna Eunike wenigstens von dieser äußeren Unangemessenheit. Er berichtet im «Lebensgang» – noch nach den langen Jahren, die inzwischen vergangen waren, mit tiefer Bewegung –, daß er, über den Umweg einer sich schnell wieder lösenden Freundschaft, wie von dem verstorbenen Kapitän Eugen Friedrich Eunike geleitet, zu dieser Familie kam. Er sah, so bekennt er staunend, diesen Mann «‹hinter den Kulissen des Daseins› durch mein Schicksal schreiten». Frau Eunike räumte ihm das Erdgeschoß ihres Hauses Prellerstraße 2 ein und nahm ihn völlig bei sich auf. Er hatte die auserwählte Bücherei des verstorbenen Hausherrn ganz zu seiner Verfügung, und fünf halbwüchsige Kinder, vier Mädchen und ein Knabe, bedurften seines Rats. Hier war er in seiner Weimarer Zeit nun daheim.

Rudolf Steiners erste Wohnung in Weimar:
Junkerstraße 12 (heute: Trierer Straße 12)

Gedenktafel am Haus Eunike

Das Haus Eunike, Prellerstraße/Steubenstraße
Seit 1910 Hotel und Restaurant «Alt-Weimar»

Anna Eunike im Jahre 1896
Später Anna Steiner (Heirat in Berlin)

Auch dieses Gebäude steht heute noch; aber in seinem Erdgeschoß hat die Gaststätte «Alt-Weimar» Unterkunft gefunden, und diese Tatsache verändert das einstige Bild: der Eingang dieses Lokals, nun auf der heutigen Steubenstraße und mit einem Säuleneingang geschmückt, macht leicht vergessen, daß die Haustür, die Rudolf Steiner benutzt hat, wie damals so auch heute noch, an der *Seite* des Eckhauses, also in der Prellerstraße liegt. In diesem Hause hat Rudolf Steiner seine «Philosophie der Freiheit» und «Nietzsche, ein Kämpfer gegen seine Zeit» geschrieben. Hier hat er, im Grunde von niemandem begriffen, in völliger Einsamkeit seines Denkens, Fühlens und Wollens jene grundlegenden Ideen zu einem Buch zusammengefaßt, die er dann später als Anthroposophie vielfältig weiterentwickelt hat. Auch von hier aus muß er wohl zumeist jenen eindrucksvollen, charakteristischen Weimarweg zu seiner Arbeitsstätte gegangen sein: über den Theaterplatz mit seinem bedeutsamen Denkmal, über den enggeschlossenen Herderplatz, durch die dunkle, schmale Vorwerkgasse hinab zu dem freiliegenden Schloß vor der Ilm und unter dem Hügel der Altenburg.

Als es entschieden war, daß seine Arbeit in Weimar ein Ende nehmen würde und sich auch die Hoffnung zerschlagen hatte, in Jena eine Dozentur für Philosophie zu erhalten, eine Aussicht, die ihm bereits auf der langen, einsamen Fahrt nach Weimar als schöne Möglichkeit aufgestiegen war, verkaufte Frau Anna Eunike ihr Haus und zog – bereits 1896 – nach Berlin voraus. Steiners Plan, ebenfalls nach *Berlin* zu gehen, war also vermutlich schon damals sicher. Das letzte, nun wieder unbehauste Weimarer Jahr zog er zu dem Ehepaar Crompton, mit dem er sich sehr angefreundet hatte, ins Erdgeschoß der Kurthstraße 16, übrigens ganz in die Nähe der Freunde Stavenhagen-Neuffer. Auch diese Straße, damals zwar fast noch ein Teil des Parks und am Rande der Stadt, ist noch heute unverändert; nur trägt sie heute den Namen Bauhausstraße. Als Steiner im Jahr 1897 dann nur noch zur Erledigung letzter Arbeiten in Wei-

Haus Eunike an der Prellerstraße 2 um 1895

mar war, wohnte er bei seinem Freund und Archivkollegen Dr. Heitmüller, Museumsplatz 6 – heute Rathenauplatz. Das tiefe Tal des Asbachs, das diesen Ort einstmals malerisch von der Innenstadt trennte, ist ohnedies jetzt leider zugeschüttet. Aber durch zwei quergestellte Schulen und einen breiten Museumsbau ist die schöne Geschlossenheit des Platzes von ehedem mit seinen hohen Bäumen noch heute erahnbar. Ebenso noch heute schaubar ist das Abseits, die Weimarferne. Fast zeichenhaft also zog er aus der Mitte der Stadt in ein abgesondert liegendes Haus.

Wenn man rückblickend die Wohnungen betrachtet, in denen Steiners Leben in Weimar verlaufen ist, so geben sie ein seltsam charakterisierendes Bild dieser Zeit ab: Das freistehende palastartige Haus gegenüber dem Goetheschen Wohnbezirk wirkt wie ein schöner Vorklang, wie ein verheißungsvolles Motto. Dann folgt sichtbar die Eingezwängtheit in fremde Bürgerlichkeit in der heutigen Trierer Straße, unter der er litt, sodann, in der Steubenstraße, fast möchte man sagen, eine Villa, die von Freiheit und Besonderheit spricht; und daß sie an breitem, offenem Verkehrsweg liegt, könnte wie eine gute Vorbedeutung für die Wirkung der hier geschriebenen Bücher sein. Sodann folgte die Wohnung in patriarchalisch vornehmem Haus in der Erich-Weinert-Straße (Bauhausstraße), bis hin zum beredten Außerhalb am heutigen Rathenauplatz.

Bauhausstraße 12, Wohnung Crompton (Hotel Villa Hentzel)

Bauhausstraße 18, Haus Stavenhagen-Neuffer

Rathenauplatz 6
(letzte Wohnung
Rudolf Steiners)

Am 1. Oktober 1890 hatte Rudolf Steiner im Archiv die Arbeit an der Herausgabe der «Naturwissenschaftlichen Schriften» mit Band 6 der II. Abteilung der «Sophien-Ausgabe» begonnen. Statt der «Farbenlehre» hatte er schon 1889 die Herausgabe der «Morphologie» übertragen bekommen. Am 15. Oktober, also vierzehn Tage nach seiner Ankunft, klagt er dem Freund Ladislaus Specht in Wien: «Nun ist Suphan kaum der Mensch, der die notwendige Energie hat, meine Ansichten, *mit denen er sich einverstanden erklärt hat,* auch gehörig zu vertreten.» Da also müssen sich bereits deutlich jene Schwierigkeiten gezeigt haben, die die Schicksalsstufe Weimar so tragisch gemacht haben. Daß der zunächst so lange vor dem philologischen Auftrag Zögernde damals nicht nun gleich aufgab, zeigt, wie deutlich er fühlte, daß Weimar im ganzen doch unabänderlich schicksalsnotwendig sein würde. Es war die entscheidende Auseinandersetzung mit Altem, die klare Hinwendung zu Neuem, zu seinem ganz Eigenen, und so ergab sich in natürlichem Gefolge schmerzhaft die Dissonanz und das Zwielichtige dieser Zeit.

Die Sophien-Ausgabe, heute «Weimarer Ausgabe» genannt, war in vier Abteilungen geplant:

I. Die Werke
II. Die Naturwissenschaften
III. Die Tagebücher
IV. Die Briefe

Steiners erster Band: Abteilung II, Band 6, erschien 1891. Vor den «Lesarten» steht der Vermerk: «Herausgeber dieses Bandes ist *Rudolf Steiner*; sachliche und namentlich philologische Fragen wurden fortwährend durch Besprechungen mit dem Redactor des Bandes *Bernhard Suphan* erledigt, der auch schon während der Vorarbeiten an allen Einzelheiten des Gegenstandes sich rathend und hilfeleistend betheiligte.» Steiner hat nirgendwo geäußert, ob ihn diese, den Wert der eigenen Arbeit schmälernde Notiz irritiert hat; aber es wäre begreiflich. Doch noch negativer lautet der Vermerk in Band 7: Auf Seite 232 heißt es da: «Herausgeber dieses Bandes ist *Rudolf Steiner*; wie die Einrichtung überhaupt so wurden sachliche und namentlich philologische Fragen auch diesmal durch Besprechung mit dem Redactor *Bernhard Suphan*

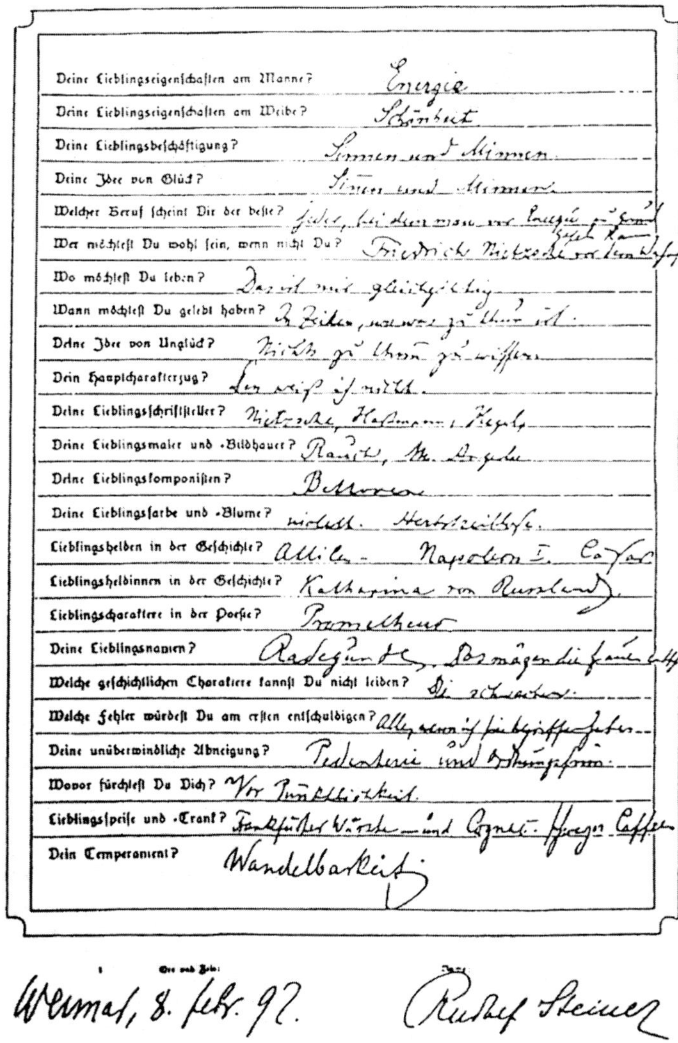

Deine Lieblingseigenschaften am Manne?	Energie
Deine Lieblingseigenschaften am Weibe?	Schönheit
Deine Lieblingsbeschäftigung?	Sinnen und Minnen
Deine Idee von Glück?	Sinnen und Minnen
Welcher Beruf scheint Dir der beste?	Jeder, bei dem man vor Energie zu Grunde gehen kann
Wer möchtest Du wohl sein, wenn nicht Du?	Friedrich Nietzsche vor dem Wahnsinn.
Wo möchtest Du leben?	Das ist mir gleichgültig
Wann möchtest Du gelebt haben?	In Zeiten, wo etwas zu thun ist.
Deine Idee von Unglück?	Nichts zu thun zu wissen
Dein Hauptcharakterzug?	Der weiß ich nicht.
Deine Lieblingsschriftsteller?	Nietzsche, Hamerling, Hegel
Deine Lieblingsmaler und -Bildhauer?	Rauch, M. Angelo
Deine Lieblingskomponisten?	Beethoven
Deine Lieblingsfarbe und -Blume?	violett. Herbstzeitlose.
Lieblingshelden in der Geschichte?	Achilles – Napoleon I. Caesar
Lieblingsheldinnen in der Geschichte?	Katharina von Russland.
Lieblingscharaktere in der Poesie?	Prometheus
Deine Lieblingsnamen?	Radegunde, das mögen die Frauen entscheiden.
Welche geschichtlichen Charaktere kannst Du nicht leiden?	Die schwachen.
Welche Fehler würdest Du am ersten entschuldigen?	Alle, wenn ich sie begriffen habe.
Deine unüberwindliche Abneigung?	Pedanterie und Stumpfsinn.
Wovor fürchtest Du Dich?	Vor Unnützlichkeit.
Lieblingsspeise und -Trank?	Frankfurter Würste und Cognac. Hagens Caffee
Dein Temperament?	Wandelbarkeit

Ort und Zeit: Weimar, 8. Febr. 92.

Name: Rudolf Steiner

Einer jener Fragebogen,
wie sie sich damals in literarischen Kreisen großer Beliebtheit erfreuten

erledigt, der schon während der Vorarbeiten den Herausgeber mit seinem Rathe vielfach unterstützte und durch Superrevision [!] für die Genauigkeit des Druckes mit bemüht gewesen ist.»

Die Einwände, die noch heute Germanisten und Naturwissenschaftler an Steiners damaliger Arbeit üben, fallen nach diesen Erklärungen auf den sich öffentlich zur Verantwortung bekennenden, erfahrenen Philologen Suphan unwiderlegbar mit zurück. Doch davon erwähnen die Kritiker nichts.

Steiner selber hatte in einem fünf Seiten langen kleingedruckten Vorwort zu den «Lesarten» seine Textauswahl und -anordnung begründet. Er sagt hier: «Grundsatz der Zusammenstellung des Bandes ist somit, das ganze Goethesche Ideen-Gebäude, insofern es sich auf Botanik bezieht ... mit allen von dem Begründer selbstgezogenen Consequenzen aufzuführen. Dieses Prinzip wurde namentlich auch bei der Frage eingehalten, was von den zahlreichen ungedruckten Aufsätzen und Entwürfen aufgenommen werden solle.» Und gegen Ende bekennt er ungescheut: «Bei der Fülle des Materials konnte von absoluter Vollständigkeit nicht die Rede sein.» Wie unbekümmert hat er damals, angesichts der Forderung strenger Philologie, der er gegenüberstand und zu der er beauftragt war, seine Aufgabe angefaßt! Wie überzeugt war er von der Richtigkeit seines Planes, die Goethesche Morphologie als etwas ganz Neues, Wegweisendes, als, wie er sagt: «zentrale Entdeckung Goethes» darzulegen und verständlich zu machen: eben das von genauen sachlichen Beobachtungen erschlossene Geheimnis schaffenden Geistes, der eine schöpferische Idee zu Realem hatte werden lassen. Wie faszinierend aber muß er auch seine Ansichten vorgetragen haben, daß Suphan zunächst immer wieder zustimmte!

Der Band 6 trägt die Jahreszahl 1891 als Erscheinungsdatum. Niemand kann dabei ahnen, daß diese völlig druckfertig vorliegende Arbeit von Suphan zunächst zweiflerisch wieder zurückgehalten worden war und Steiner von neuem eine Verteidigung seines Vorgehens, «das heraustritt aus der Schablone», hatte schreiben müssen, ehe der Redaktor den Mut zu seinem «Placet» fand. Wie oft mag Steiner grübelnd, verärgert und dennoch selbstgewiß und auf seinen Stern vertrauend in der Junkerstraße (Trierer Straße) in die Lampe der Spechts geschaut haben! Er trat nicht zurück von dieser Aufgabe, wie es wohl nahegelegen hätte; im Gegenteil, er mag gefühlt haben, daß ihm dieser Kampf, ja vielleicht sogar der Fehlschlag in der landläufigen Wissenschaft als notwendiges Geschick nötig war, um ganz frei zu werden, um seine eigene spätere Lehre, die Anthroposophie, deutlich davon abzuheben.

Dennoch wurden die Auseinandersetzungen mit Suphan und den anderen Redaktoren immer unerfreulicher; denn Steiner, der durch die neuentdeckten Handschriften neu in seinen Erkenntnissen bestätigt, seines eigenen Planes und seiner Ideen immer gewisser wurde, schob die philologische Forderung nach exakt historischer Folge und Vollständigkeit alles Vorhandenen immer unbedenklicher beiseite. Dem im Handschriftenlesen Ungeübten und zu schneller Arbeit Verpflichteten unterliefen auch Lese- und Datierungsfehler, so daß er sich beschämende Korrekturen gefallen lassen mußte. Auf einmal aber sah er sich nun auch in der eigenen Überzeugung und den eigenen Plänen völlig ungeahnten Schwierigkeiten gegenüber: Niemand hatte ja die von Eckermann und Riemer für die «Ausgabe letzter Hand» beiseite gelegten, weil unvollendeten Entwürfe und Notizen Goethes mehr zu Gesicht bekommen. Ganz unvermutet tauchte nun Neues auf, auf Briefentwürfen oder in willkürlich zusammengehefteten Faszikeln verstreut: in gleicher Weise offensichtlich eilige Einfälle wie sogar Widersprüchliches, aber auch wichtigste Nachträge zu schon Vollendetem. Steiner löste ja als erster Schnüre, die fünfzig Jahre lang zugeknotet gewesen waren. Er sichtete, er ordnete – aber er legte auch unbekümmert beiseite, wenn es nicht ganz seinem Plan gemäß war. Er wollte nur einfach und überzeugend die lebendige Idee der Gestaltlehre Goethes darstellen, während doch die Sophien-Ausgabe das Ziel verfolgen wollte, *alles* von Goethe Stammende in historischer Reihenfolge zu veröffentlichen, so daß man die genaue Entwicklung mit allem Widerspruch hätte verfolgen können. Steiner selber geriet wohl ab und zu über seiner Arbeit in Zweifel.

Die Arbeitsatmosphäre in den kleinen Räumen des Schlosses war zudem der Lösung schwieriger Probleme und intensiver Konzentration keineswegs günstig. Es war eng: die drei jungen Mitarbeiter Wahle, von der Hellen und Steiner, jeder mit einem völlig anderen Thema beschäftigt, saßen zusammen und gerieten, durch ihre Arbeit fasziniert, oftmals in lebhafte, zeitraubende Diskussionen. Es kamen viele Besucher, hochinteressante Menschen aus aller Welt, die es wert waren, kennengelernt zu werden. Sie wollten unter Umständen Fragen beantwortet haben, die weitab lagen vom eigenen Arbeitsgebiet. Sie verlangten, Originale gezeigt zu bekommen, nach denen man lange suchen mußte. Dann stand man umher, geriet ins Plaudern, war angeregt und bereichert – aber eben auch gestört und abgelenkt. Andererseits drängte die Großherzogin und folglich auch Suphan, so schnell wie möglich fertige Bände herauszubringen. Und dabei hätte diese Aufgabe in Wahrheit lange Jahre der Kenntnisnahme, der Überlegung und Besinnung gefordert!

Wie unvorstellbar mühevoll die Arbeit am Archiv überhaupt war, das wird erst recht offenbar, wenn man die Bände der Sophien-Ausgabe aufschlägt und hinter den Goetheschen Texten die vom Laien meist kaum beachteten «Lesarten» nicht nur überfliegt, sondern einmal Zeile um Zeile, Wort für Wort liest. Diese Seiten, in kleinstem Druck angefügt, stellen eine nur vom Wissenschaftler beurteilbare, unermeßliche exakte Philologenarbeit dar. Sie schildern das genaue äußere Detail der Texte vorn im Band: die Papierart und -größe; ob von Goethe eigenhändig oder von welchem Schreiber; ob mit Tinte, mit schwarzer oder roter, mit Blei oder Rötel geschrieben; welche Korrekturen vorgenommen worden waren, unter Umständen war es nur die Berichtigung eines einzelnen Zeichens oder Buchstabens. Oftmals konnte allein die Beschreibung der Papierart oder der Duktus der sich mit den Jahren nach und nach verändernden Handschrift Goethes eine Datierung der Schriftstücke überhaupt ermöglichen. Nachdenklich liest man dann zu dieser peniblen wissenschaftlichen Kleinarbeit Steiners unbekümmerte Erklärung in seiner fünfseitigen Vorrede zum 6. Band: «Was von Goethe in Bezug auf Botanik vor 1790 geschrieben wurde, steht noch nicht auf der vollen Höhe seiner Anschauung; es blieb deshalb hier ausgeschlossen und wurde für den folgenden Band aufbewahrt.» Und wiederum: «Bei der Fülle des Materials konnte von absoluter Vollständigkeit nicht die Rede sein.»

Die Schwierigkeit, ja eben auch die Zwiespältigkeit, eigene nicht völlige Sicherheit seiner Arbeit kann man sich also gar nicht deutlich genug vorstellen. Suphan selber ist den Problemen nicht immer gewachsen gewesen. In einer Mitteilung vom 24. Januar 1891 an die Redaktoren hat er, sich selber gleichsam rechtfertigend, vermerkt: «In der zweiten Abteilung ist der Herausgeber der eigentliche Sachverständige … Er muß sein Verfahren im kritischen Anhang motivieren …» Und dann verteidigt er Steiners Vorgehen selber mit den Worten: «Daß in diesem Anhang (Lesarten) nicht alles Vorhandene aufzunehmen ist, wird jeder zugeben, der die Masse der bloß präparatorischen Materialien kennt, mit deren Ausschüttung keinem Leser in der Welt gedient

Hier war der Arbeitsort Rudolf Steiners
(heute Museumsräume)

Nordostecke des Schlosses
Die Archivräume befanden
sich im 2. Stock links

sein würde.» Wie also war auch er selber angesichts der zunächst unüberschaubaren Masse des Nachlasses unsicher und in Zweifeln!

Die anderen Redaktoren hatten zwar Steiners Verfahrensweise zunächst ohne Einschränkung akzeptiert. Ein Rundschreiben über die Methode der Ausgabe wurde von Loeper abgezeichnet: «Ganz einverstanden»; Erich Schmidt zwar begnügte sich mit: «Gelesen», aber auch Herman Grimm ist: «Einverstanden». Sie alle saßen ja nicht mitten in diesen realen Schwierigkeiten, sondern urteilten prinzipiell von ferne. Einzig Bernhard Seuffert äußerte von Graz aus Einwendungen.

Die Folge all dieser Auseinandersetzungen war, daß im Jahre 1892 nicht Band 7, also der auf 6 folgende Band, erschien, sondern zunächst Band 9 und für den Band 8 der Jenenser Anatom Karl von Bardeleben als Herausgeber herangezogen wurde. Hierbei aber mußte Steiner, wie das Vorwort der «Lesarten» aussagt, «vom Goethe- und Schiller-Archiv aus» die mühsame und wichtige Arbeit der «Lesarten» besorgen. Daß er dabei auf die Idee kam, der Schädel, an dem Goethe den Zwischenkieferknochen entdeckte, müsse sich noch in den Sammlungen finden lassen, und er mit Bardeleben und Ruland, dem Leiter des Goethehauses, lange danach suchte – seine Hand also wie einst diejenige Goethes all die vorhandenen knöchernen Gebilde faßte –, ergibt ein unvergehbares Bild aus dieser Zeit.

Der Band 9 der Ausgabe enthält «Mineralogie und Geologie I. Theil». Er erscheint 1892 und Steiner verteidigt nochmals *seine* Methode, die nun allerdings, wie gesagt, einem rein historisch-philologischen Vorgehen völlig widerspricht. Er betont abermals: «Der vorliegende neunte Band der naturwissenschaftlichen Schriften enthält alle Goethe'schen Arbeiten, die geeignet sind, einen *Umriß* der Gesamtheit seiner geologischen Ideen zu geben. Ausführungen über Einzelfragen, Untersuchungen, die von dem Hauptwege abgehen und in Seitenpfade sich verlieren, sind hier weggelassen.»

Immerhin, unabhängig von all diesen Auseinandersetzungen innerer und äußerer Art, war es gewiß ein unbeschreibbares Erlebnis für ihn, aus Niederschriften, die noch geheimes Leben an sich trugen, weil sie unmittelbar aus Goethes eigener Hand stammten, Texte kennenzulernen, die seit über fünfzig Jahren – ja vermutlich einige noch länger – kein Mensch wieder zu Gesicht bekommen hatte! Selbst jene, die Steiner von der «Ausgabe letzter Hand», die ihm für Kürschner zur Verfügung gestanden hatte, dem Inhalt nach kannte, nun in Goethes *Handschrift* zu betrachten, muß ein unvergeßbarer Eindruck gewesen sein, den er mit allen Sinnen aufnahm. Die Handschrift, ja, schon das Originalpapier, das Goethe einmal vor Augen gelegen hatte, von ihm in Händen gehalten worden war, schufen eine geheime, intensive Verbindung, die nur zu ahnen ist. Der Gedanke, der in die Schriftzüge hineingestorben war, erlebte nun unmittelbar in Steiners Seele eine lebendige Auferstehung. Da waren die Aufsätze über den Granit, über die Wolken, über die Spiraltendenz der Pflanzen, über Magnetismus und Elektrizität – in der *Handschrift* waren sie ihm alle nun unmittelbar Wort und lebendige Rede! Vermutlich las er die geologischen Beschreibungen der «Böhmischen Gebirge», als lausche er. Goethe setzte einen Vers vor diesen Aufsatz:

Was ich dort gelebt, genossen,
Was mir all dorther entsprossen,
Welche Freude, welche Kenntnis,
Wär ein allzulang Geständnis!
Mög es jeden so erfreuen,
Die Erfahrenen, die Neuen!

Er, Rudolf Steiner, war ja beides zugleich: er war in diesem Bereich ein Erfahrener und ein Neuer, so wie in seinem ganzen Lebensweg in Weimar.

Der Anfang in Weimar aber war noch durch eine andere Begebenheit beschattet, fast symbolhaft gezeichnet: Der Großherzoglichen Bibliothek, mit der die Archivarbeit sinngemäß eng verbunden war, stand ein stiller, außerordentlich kundiger Gelehrter vor, der Oberbibliothekar Dr. Reinhold Köhler. Er war Weimarer und lebte unverheiratet mit zwei Schwestern zusammen. Besonders bekannt, ja berühmt war er durch seine fundierten, bis ins kleinste Detail gehenden Kenntnisse auf vielfältigsten Gebieten, mit denen er jedem Benutzer der Bibliothek mit vorbildlicher Liebenswürdigkeit zur Seite stand. Steiner kam vermutlich sogleich mit ihm in Kontakt, und so wird Köhler ihm gewiß auch von den schönsten Jahren des eigenen Lebens erzählt haben, über die er gerne sprach, von den Jahren, die er als enger Freund des Musikers Peter Cornelius auf der Altenburg im «Neu-Weimar-Verein» bei Liszt verlebt hatte. Durch ihn mag also das Wort «die Altenburg» schon zu einem bekannten Begriff geworden sein.

Am 11. Oktober 1890, also noch keine vierzehn Tage nach seiner Ankunft, ging Steiner vom Schloß den kurzen Weg in die Bibliothek hinüber, um sich ein Buch auszuleihen, das Goethe für seine botanische Arbeit einmal benutzt hatte. Selten gefordert, stand es in der oberen Etage ganz hoch in einem Regal. Der hilfreich zuvorkommende Köhler machte sich sofort selber auf, obwohl eigentlich ein Gehilfe dafür zur Verfügung stand, dieses Buch herbeizuholen, damit Steiner es gleich mitnehmen könne. Steiner wartete, und als Köhler nach überlanger Zeit nicht zurückkehrte, ging man nachzusehen und fand ihn mit gebrochenem Bein und schwerem Schock neben der umgestürzten Leiter. Köhler hat sich von diesem Unfall nie wieder erholt und starb nach langem schmerzhaften Krankenlager am 15. August 1892. Steiner hat ihn, wie seine Briefe ausweisen, häufig besucht. Der Kranke wohnte am damaligen Rande des alten Stadtkerns in einem Miethaus «Am Graben».

Dieser unglückselige Unfall war kein gutes Omen für die Weimarer Zeit! Nie mag Steiner den herrlichen Barockbau der Bibliothek wieder betreten haben, ohne des tragischen Ereignisses zu gedenken, dessen unschuldiger Verursacher er war.

Nach den «Festeswochen» des Herbstes zuvor zeigte sich ihm Weimar überhaupt wenig freundlich: sein Gepäck, eine Kiste, brauchte über vierzehn Tage, bis sie, ramponiert durch die Untersuchung der Zollbehörde, endlich zu ihm gelangte. Auch jede andere Sendung, sei es ein Buch oder ein Wäschestück von daheim, wurde zu seinem Ärger vom Zoll geprüft und, wie er ironisch feststellte, «auf ihre Staatsungefährlichkeit» hin untersucht. Und obwohl Menschen der verschiedensten Bereiche ihn sogleich freundlich in Weimar willkommen hießen, fühlte er sich fremd und verlassen. Auch die Tatsache, daß er zu dieser auszeichnenden wissenschaftlichen Arbeit am Goethe- und Schiller-Archiv herangezogen worden war, ohne noch ein anerkanntes Examenszeugnis aufweisen zu können, hat ihm vermutlich zu schaffen gemacht. Die Anstellungsverhandlungen waren bereits mit «Dr. Steiner» geführt worden, obwohl er diesen Titel noch nicht erworben hatte. Ohne jemanden davon in Kenntnis zu setzen, beeilte er sich, nachdem seine Schrift «Die Grundfragen der Erkenntnistheorie mit besonderer Rücksicht auf Fichte's Wissenschaftslehre» Heinrich von Stein in Rostock als Dissertation angenommen hatte, das Rigorosum, die mündliche Prüfung, zu machen. In dem Lebensbericht, den er dem Archiv bei Antritt seiner Arbeit einrei-

Herzogin-Amalia-Bibliothek

chen mußte, hat er bezeichnenderweise das Datum seiner Doktorierung nicht erwähnt.

Am 22. November 1890 erbat er sich einen Kurzurlaub nach Leipzig ohne Angabe des Grunds, um dort noch einige Studien für das Examen zu machen. Ein unerwartetes Hochwasser der Saale verzögerte zu seiner Erleichterung seine Rückkehr nach Weimar. Als dann endlich ein Zug die Strecke nach Weimar wieder befahren konnte und vorsichtig langsam Naumburg durchquerte, erfüllte sich sein Sinn mit Gedanken an Nietzsche, dessen Werk er ein Jahr zuvor in Wien kennengelernt und begeistert aufgenommen hatte. Goethe und Nietzsche – flüchtig reihen sich hier bereits am Anfang der Weimarer Zeit die beiden Pole zueinander, die ihn in dieser wichtigen Epoche seiner Entwicklung äußerlich beschäftigen und in ihrem Gegensatz innerlich bereichern sollten. «Meine Einsamkeiten» – so hat er im «Lebensgang» die Erfahrungen, die er in Weimar machen mußte, wohl mit dem abgewandelten Nietzsche-Wort «Erfahrung aus sieben Einsamkeiten» immer wieder benannt. Leidvoll hat ihn Weimar zu der großen Einsamkeit seiner besonderen Aufgabe eingeweiht.

Wie mag andererseits aber seine Seele geatmet haben, wenn er das Motto, das Goethe seinen naturwissenschaftlichen Arbeiten vorangestellt hatte, in immer neuer Wiederholung in sich aufnahm: Es erschien in beiden ersten Bänden auf der ersten Seite: «Siehe, er geht vor mir über – ehe ich's gewahr werde – und verwandelt sich – ehe ich's merke. – Hiob.» Welch Leitmotiv, welch zutreffender «Wahrspruch» über diesen sieben Weimarer Jahren!

Ebenso hat ihn der Text des ersten Bandes, den er bearbeitete, sicher immer aufs neue beglückt und tief angerührt: das Wunderwerk Goethescher Hellsicht und Poesie, «Die Metamorphose der Pflanzen». Schon bei der Kürschnerschen Ausgabe hatte er bei dieser Schrift, so berichtet er, immer jene berühmte Selbstverteidigung Goethes gegenüber Schiller in Jena vor der Seele gehabt: «Das kann mir sehr lieb sein, daß ich Ideen habe ohne es zu wissen und sie sogar mit Augen sehe.» Ideen mit Augen zu sehen – dies erschien ihm als wichtigste Lebensleistung Goethes: Sinnliches mit Übersinnlichem zu vereinen, klar zu erkennen, welche unterschiedliche, ewig sich wandelnde, geistentstammende Form der Stoff, die Materie, anzunehmen vermochte. Solche Erkenntnis selber zu üben, zu vertiefen, weiterzuführen, sie zu frei gewollter Lebensmaxime zu bringen, solche Forderung und Begründung wurde nun der Inhalt seines grundlegenden Werkes: «Die Philosophie der Freiheit», in dem er Möglichkeit und Aufgabe des Menschen darzulegen versuchte.

Eine der wichtigsten Epochen seines ganzen Lebens mußte in Weimar bestanden werden: die denkerisch gesicherte Stufe, das Fundament seiner späteren Lehre, der Anthroposophie, war hier zu bilden. Wie sehr mag die intensive Arbeit mit ihrer denkerischen Anforderung und seelischen Erschütterung an bisher völlig unbekannten Goetheschen Schriftstücken dazu beigetragen haben, daß er, der immer wieder bedauernd feststellen mußte, daß er bisher nur mühsam Sinnliches hatte real erfassen können, mit einem Mal wachen Blickes, leicht, sicher und umfassend jegliche Einzelheit der Dinge und Vorgänge in sich aufzunehmen vermochte, um sie zu wissen und nicht wieder zu vergessen – daß es ihm also hier beschieden war, einen wichtigen, unumgänglich notwendigen Schritt für seine Lebensaufgabe zu tun. Die Genauigkeit realer sinnlicher Eindrücke gesellte sich ihm nun zu tiefsten Denkerkenntnissen. Er erfuhr, daß es gelingen konnte, «Ideen mit Augen zu sehen», wenn man – wie Goethe – geduldig und aufmerksam bei Tier oder Pflanze, ja bei allen sinnlichen Erscheinungen jene einfachste Form, jene «Idee» suchte, aus der die Natur ihre unendlich vielfältigen Schöpfungen hervorbrachte. Der menschliche Geist vermochte, geschult und gewillt, dies zu erkennen, es nachzutun. Dies war die Freiheit, die nur ihm verliehen war: diese Freiheit zeichnete ihn aus. Er konnte, wie Goethe es geübt hatte, «Lebensereignisse» verfolgen, ja selber schaffend denken, selber schöpferisch werden, indem er geduldig und frei «Erfahrung, Betrachtung, Folgerung» aneinanderreihte. Diese grundlegende Erkenntnis trieb ihn, seine «Philosophie der Freiheit» zu schreiben.

Wer wußte denn auch noch, wie genau und vielseitig, wie ohne Scheu und Ekel Goethe die vielfältigsten anatomischen Versuche unternommen hatte! Wie er mit eigener Hand einen Kinderschädel seziert und das Embryo eines Menschen untersucht, wie er sorgfältig weibliche und männliche Schnecken zerlegt und sich genaue Aufzeichnungen über alle Befunde bis auf deren Zeugungsorgane gemacht hatte, wie er die Knochen von Schwein, Ochse, Pferd, Schaf, Katze und Hund in jungem und in altem Zustand sorgfältig betrachtete und miteinander verglich, um dann daran Ideen und Geistesbilder ihrer Entwicklung, eben ihrer Metamorphosen, ihrer Vielfalt aufzubauen; um Formen zu finden, die das Niedrigste wie das Höchste zu gestalten fähig waren. Jeder konnte es nachvollziehen. Mit Erschütterung muß Steiner gesehen haben, wie gegenständlich Goethe beobachtete, wie genau er sah, wie er sich etwa den Befund mit Bleistift aufzeichnete, die Figur wohl auch noch durch Tinte nachzog und so verstärkte, ja, sich schließlich eine Lithographie davon anfertigen ließ. Wie er die kleinste Abweichung vom Normalen, ein winziges Blatt, eine Ausbuchtung, einen Trieb, Bildungen, die Steiner vielleicht selber kaum beachtete, geschweige denn für wichtig gehalten hätte, als bedeutsam erkannte, als aussagekräftig, als neuen Gestaltungswillen. «Nichts ist drinnen, nichts ist draußen; denn was innen, das ist außen.» Durch sein genaues, sein ehrfurchtsvolles Sehen näherte sich Goethe dem schaffenden Weltgeist. Dies nun mit eigenen Augen zu tun, nachzuvollziehen, ist wohl für Steiner eine tiefgehende, aufrüttelnde Erfahrung gewesen.

Es ist nicht schwer anzunehmen, daß, wenn Steiner solche Untersuchungen, die durch die Handschrift Goethes ein geheimes, eindringliches Leben hatten, nachlebte, dies tief in seinen Organismus eingreifende seelische Erschütterungen waren, die eben die neue Fähigkeit, real zu sehen, hervorriefen. Er entdeckte staunend, genau beobachtend, Details, entzifferte sie, begriff sie, las Goethes Deutung, ordnete sie zeitlich und sachlich nach gründlichen Überlegungen ein, schrieb oder zeichnete sie ab, um sie zum Abdruck zu bringen, sie dann im Korrekturbogen abermals zu lesen, sie zu prüfen und gegebenenfalls Druckfehler zu korrigieren. Beim freudig-kritischen Durchblättern des fertigen Bandes fiel sein Blick nochmals auf sie. In solch vielfacher Wiederholung lernte er nun an Goethe, mit Goethe die Augen zu öffnen nicht nur für jegliche reale Einzelheit, sondern dabei tiefer zu schauen, denkend, hintergründiger. Er lernte sehen, «sonnenhaft» sehen, durch das Auge in sich «des Gottes eigene Kraft» zu erspüren, ja, wahrzunehmen. Er erkannte den Geist dieser Erde und erlebte eine Anbetung, die anders war als jeglicher Kirchendienst und eben doch tiefe Frommheit. Während der Arbeit für Kürschner 1887 hatte er *erahnt,* welch sittliche Tat es war, daß Goethe «die Idee in der Wirklichkeit» suchte. Nun, Jahre später, in Weimar, *erkannte* er, daß dies «die wahre Kommunion» war, die den Menschen vergönnt ist. Dies war altes rosenkreuzerisches Wissen: «das Auge war am Licht für das Licht gebildet», und dies als Wahrheit zu erleben, war für ihn wie Einweihung. Trotz aller Enttäuschung, allen Irrtums, allen Leids lag übergroßer Gewinn, lag entscheidender Schicksalssinn in der Zeit und der Aufgabe Weimar. Steiner war dreißig Jahre alt, «von keinem Beruf umklammert», und ein neues Jahrhundert war in Sicht.

Das Leben in Weimar brachte ihm eine Fülle von Erlebnissen, die ihm vermutlich sonst nirgends so intensiv zuteil geworden wäre. Und er genoß «die Außenwelt», die ihm geboten wurde, und nutzte sie. Er hatte in den Arbeitszimmern des Schlosses nahen Umgang mit Gustav von Loeper, dem vielseitigen, kenntnisreichen, charmanten Mann von Welt; mit Koryphäen der Wissenschaft wie etwa Heinrich von Treitschke und Herman Grimm. Kurz, ehe Treitschke diese Welt verließ, war es Steiner noch vergönnt, diese besondere Individualität zu erleben: die eindrucksvolle Gestalt des völlig Tauben, dem Fragen auf Zetteln entgegengehalten wurden, die er dann ausführlich, laut polternd beantwortete, als sei er in einer Vorlesung. Ein andermal wurde ihm ein gemeinsames Mittagessen mit Herman Grimm im «Russischen Hof» zum Erlebnis, wo dieser lebhaft, von dem jungen, aufmerksamen Zuhörer angeregt, vor ihm seine Ideen über Phantasie entwickelte. Er hatte Grimm im September 1891 näher kennengelernt, als Schröers ihn anläßlich eines Weimar-Besuches mit ihm bekannt machte. Grimm war damals bereits ein leidender Mann und mit dem Thema seines letzten Werkes, dem «Homer», beschäftigt. Seine lebendigen Goethe-Vorlesungen, schon 1875 als Buch erschienen, blieben lange Zeit die erste und einzige Zusammenfassung der Goetheschen Erscheinung und seines Werks in Deutschland. Obwohl Grimm mit seinem Amtskollegen Wilhelm Scherer persönlich eng befreundet war, lehnte er dessen enge philologische Methode der Forschung entschieden ab; er war seinem Streben und Wesen nach weltweit davon entfernt. Der leichte Berliner Tonfall, den er sich seiner Wahlheimat zuliebe angewöhnt hatte und in dem er wie plaudernd, ja mit leichtem Witz seine tiefgründigen Gedanken vorbrachte, bildete einen besonderen Reiz. Jenes Gespräch im «Russischen Hof» mag für Steiner, eben weil es so weit von Schererscher Methode entfernt war, wie eine Ermutigung für den eigenen Weg gewesen sein. Die Begegnung mit Grimm war für ihn überdies Anlaß, sich immer wieder mit dem Zeitenschicksal dieser Persönlichkeit, die in einen besonderen Geisteskreis zu gehören schien, auseinanderzusetzen.

Auch Otto Harnack, den bedeutenden Kunstwissenschaftler, lernte er persönlich kennen. Harnack war mit der Herausgabe von Goethes Kunstschriften befaßt; eben im Jahr 1891 erschienen als Band 46 der Werke Goethes Studien über Winckelmann und Philipp Hackert. Steiner, nur wenige Jahre jünger, war, wie er berichtet, bei dem schon Arrivierten «wie zu Hause» – das hieß: er nahm an den Gedankengängen des anderen teil, als seien es die eigenen. Die Geisteswelt aber, die ihn selber beschäftigte, war dem anderen auch hier gleichgültig. Keiner fragte danach, womit er rang, und niemand verstand ihn, wenn er davon zu sprechen versuchte – dies war eine leidvolle Erfahrung, die er immer wieder zu machen hatte. Nur mit dem Schotten Henry Mackay, dem «Edelanarchisten», befreundete er sich in dieser Zeit, da dessen rigorose liberale Ideen den seinen zwar nicht im Thema, aber wenigstens in der revolutionären Opposition glichen und er hier, von dem Druck des Konventionellen, unter dem die eigene Arbeit stattfinden mußte, befreit aufatmen konnte.

Sodann begegnete er fast täglich den Mitgliedern des Fürstlichen Hauses, von denen einige regelmäßig ins Archiv kamen. So lernte er den unbefangenen Umgang mit Menschen jeglicher Klasse, äußeren Adel oder Stand für unwesentlich zu halten und allein das Menschliche am anderen zu sehen. Den Großherzog Karl Alexander schätzte er sehr; er erkannte hinter dessen zwar hochgebildeter, aber gehemmter weltfremder Art die große Güte. Er fühlte sich dem Fürsten innerlich so nah, daß er einen «Serenissimuswitz» in die Welt zu setzen vermochte, so, wie man einen Scherz über die Eigentümlichkeit eines Freundes zu machen imstande ist, ohne ihm zu nahe zu treten. Er erzählte, Karl Alexander sei bei einem Besuch in einem Zuchthaus einem Strafgefangenen begegnet, der wegen eines Mordes zu lebenslänglicher Haft verurteilt war. Da habe er sich voller Erbarmen an den Direktor gewendet mit den Worten: «Erlassen Sie ihm die letzten Jahre!» (Siehe Rudolf Steiner Gesamtausgabe, Bibl.-Nr. 185, 6. Vortrag.)

Auch der Ort seiner Arbeit ist für den Neuling in seiner Vielfalt gewiß nicht unwesentlich gewesen. Täglich stieg er durch das weite Treppenhaus eines Schlosses empor, das geschmückt war mit erlesenen Kunstgegenständen, kostbaren Vasen, wertvollen Möbeln mit eingelegten Intarsien; an den Wänden große Ölgemälde aller Stilperioden. Er ging wie selbstverständlich durch Reichtum und Kunst – doch er war ebenso heimisch bei einfacher Weimarer Bürgerlichkeit mit ihrer engen Konvention und ebenso vertraut mit der ärmlichen, aber einfallsreichen Häuslichkeit der Bohème der Künstler des Theaters und der Studenten der Hochschulen. Alles in allem: bunteste Vielfalt – Hohe Schule des Daseins.

Besonders beglückend und daher selten versäumt: das Theater. Nicht nur die unterschiedlichsten Bühnenerlebnisse alter wie zeitgenössischer Kunst wurden ihm zuteil, sondern vor allem auch ein anregender Umgang mit den Künstlern selber. Er traf auf geniale, schöpferische Menschen wie Richard Strauss, Gustav Mahler und Eduard Lassen – und sie waren noch alle am Anfang und ohne jegliche Anmaßung. Im «Lebensgang» schildert er, welch tiefen Eindruck ihm deren erste Werke gemacht haben, und daß er deren Aufführung in einer Erregung miterlebte, als stamme alles von ihm selber. Hochbefähigte Sänger und Schauspieler wie der Heldentenor Heinrich Zeller und die Schauspieler Paul und Alwine Wiecke wurden seine Freunde. Er nahm teil an ihren Bemühungen, Rollen zu gestalten – über Alwine Wieckes «Gretchen» schrieb er eine gedankenreiche Kritik –, und es mag wohl sein, daß ihm in Weimar die ersten Ideen von vertiefter Wortkunst und einer von Rhythmus und Lautklang getragenen Bewegung aufgestiegen sind. Noch heute steht, klein und in einem Vorgarten zurückliegend, in der jetzt belebten Ausfallstraße nach Erfurt das bescheidene Haus, in dem der Sänger Heinrich Zeller zusammen mit Richard Strauss wohnte. Hier ist Steiner oftmals aus- und eingegangen. Man erzählt sich, daß die Freunde nach einer geglückten Erstaufführung die beiden mit leuchtenden Kerzen nach Hause gebracht hätten, um dann lachend die brennenden Reste auf die Spitzen des eisernen Gartenzaunes zu stecken. Wie oft aber mag er in diesem Hause an Nietzsches Wort gedacht haben: «Neue Ohren für neue Musik –».

Der Einweihung eines Altersheimes für Theaterleute über der Altenburg, das Marie Seebach, eine der ersten Darstellerinnen des Gretchens auf deutscher Bühne, gestiftet hatte, wohnte er interessiert bei und berichtete darüber in jener Zeitschrift «Magazin für Litteratur», deren Herausgeber er später (ab 1897) werden sollte.

Der umschwärmte jugendliche Held des Theaters, Dagobert Neuffer, wurde samt seiner Familie intimster Gefährte dieser Zeit. Das Haus Neuffer war «ein Haus, das mir ganz besonders lieb geworden war», mit solchem Wort hat nach Jahren Rudolf Steiner dieses Kreises gedacht. Neuffer hieß eigentlich Neumann und stammte aus Pucho in Ungarn. Er war 1884 aus Stuttgart nach Weimar gekommen und heiratete im Jahre 1891 Hildegard Stavenhagen, die Schwester des begabten Lisztschülers Bernhard Stavenhagen. Der Vater der Geschwister war ein vermögender Kaufmann und ein kundiger, passionierter Schopenhauerkenner. Sicher fand Steiner bei ihm anläßlich seiner

Schopenhauerausgabe, die er als Nebenarbeit für den Verlag Cotta übernommen hatte, immer wieder fruchtbaren Gesprächsstoff. Als beide Kinder Stavenhagen in Weimar Fuß faßten, baute der Vater in der Kurthstraße (Bauhausstraße), in der Rudolf Steiner im letzten Jahr seiner Weimarer Zeit bei den Freunden Crompton gewohnt hat, eine für damalige Verhältnisse pompöse, heute noch ansehnliche, freistehende Villa, in die das Ehepaar Neuffer ins Parterre einzog – auch dieses Haus steht unverändert noch am Ende der jetzigen Bauhausstraße. Es trägt in plastischer Umrahmung die Inschrift: «Ost un West – tau Hus ist Best». Im Salon zu ebener Erde, der für Feste und großen Empfang der Künstler gedacht war und wo der berühmte Pianist Bernhard Stavenhagen vor auserwähltem Kreis spielen sollte, bestand die Wand rechts vom Eingang in ihrer oberen Hälfte völlig aus Spiegeln, so daß der Raum eine verblüffende Erweiterung erhielt. Auch die Eingangstür, mit weißem Lack und glänzenden Goldornamenten aus altem Theaterfonds stammend, trug einen Spiegel, so daß man sowohl durch Fenster wie Tür in weite Gartenlandschaft hinausblickte. Hier versammelte Frau Hildegard Neuffer einmal wöchentlich zu gleicher Stunde am gleichen Wochentag Freunde und Fremde um sich; hier war Rudolf Steiner ständiger Gast. Er hat dieser Frau im «Lebensgang» rühmende Worte gewidmet. Sie hat in späteren Jahren Märchenbücher geschrieben und, amüsant und belehrend zugleich, Geschichten von ihren vier Kindern erzählt; ihre Werke «Märchenfäden», «Neuffers Tierleben» und «Kinderseelen» waren weit verbreitet. Ein Weihnachtsgeschenk dieser Familie hat Steiner lebenslang begleitet: eine Hegelbüste von dem Bildhauer Ludwig Wilhelm Wichmann aus dem Jahre 1826. Er hatte sie einmal zufällig in einem Bildhaueratelier stehen sehen und war tief davon beeindruckt. Beim Fortzug des Bewohners aber war sie unbegreiflicherweise verschwunden, ohne daß es aufgefallen war. Neuffer hatte sie mit rührendem Verständnis für Steiner allenthalben gesucht und gefunden und sie ihm zu Weihnachten 1891 in jenem Spiegelsalon aufgebaut. Der Beschenkte hat es noch nach mehr als dreißig Jahren für wert gehalten, im «Lebensgang» ausführlich darüber zu berichten; so sehr hat ihn diese Freundestat gerührt. Die Büste war ihm wichtig: er sah in Hegels Zügen, wie er sagte, den «menschlichsten Ausdruck des reinsten Denkens» und hat wohl darum diese Plastik wie einen Talisman immer mit sich geführt.

Das Neuffersche Ehepaar bekam 1892 zunächst einen Sohn Hans; das Jahr darauf eine liebreizende Tochter Irmgard, und im Jahr 1896 wurde, vor der jüngsten Tochter

Hegelbüste – ein Weihnachtsgeschenk der Familie Neuffer

Hilde, die sich später nach England verheiratet hat, ein Sohn Harald geboren. Er wurde Steiners Patensohn. Am 25. März 1904 bei einem Vortragsbesuch in Weimar freute er sich ganz besonders an diesem Jungen, weil er, als er in das Gymnasium eingeschult werden sollte, wo es üblich war, blaue Schülermützen zu tragen, dies brüsk ablehnte mit den Worten: «Bin ich denn ein Herdenvieh?» Bei einem späteren Besuch bei Neuffers im Februar 1909 – es war gerade Fasching – beobachtete er dann lächelnd, wie eben dieses einst so selbständig fühlende Kind sich, als Mädchen verkleidet, umhertrieb und mit vielen Kameraden den gleichen Ulk treibend, also mit der «Gruppenseele» einer «Herde» begeistert mittat.

Beide Söhne Neuffer standen 1914 im Feld. Beide sind gefallen. So hatte Steiner, wenn er all seine Vorträge in den Kriegsjahren mit Fürbitte für die Soldaten an der Front einleitete, auch die Söhne Neuffer im Sinn. Frau Hildegard Neuffer war übrigens eine der wenigen aus dem alten Weimarer Lebenskreis, die seine Gedankenwelt verfolgten und für sich angewendet haben. Der «Anthroposophischen Gesellschaft» ist auch sie freilich nicht beigetreten. Dagobert Neuffer, für eine kurze glücklose Zeit Leiter des Stadttheaters in Metz, war lange Jahre noch viel umschwärmter «Erster Liebhaber» in Weimar. Dann lähmten der Tod der beiden Söhne und ein mit frühem Tod endendes Krankenlager der Tochter Irmgard seine Kräfte, während seine Frau, Steiners Worte über Tod und Nachtodliches eingedenk, diese Verluste bewundernswert trug. Neuffer war Jude, und daß beide Eheleute kurz nacheinander im Jahre 1939 starben, war eine Gnade des Schicksals.

Vom Theater in Weimar hat Rudolf Steiner unauslöschliche Eindrücke für sein späteres Leben empfangen. Er hörte hier die «Zarathustra-Symphonie», den «Eulenspiegel» und den «Guntram» von Richard Strauss – alles als Uraufführung! Er muß ebenso Humperdincks «Hänsel und Gretel» miterlebt haben. Welche Stadt in der Größe Weimars hätte sonst wohl Gelegenheit zu so vielfältigen Theatererlebnissen geboten!

Er besuchte sowohl die Aufführungen der Klassiker wie solche von damals modernen Schriftstellern, wie Björnson, Otto Ludwig, Sudermann und Wildenbruch, dessen Fürstengeschichtsdramen ihn abstießen. Er lauschte vor allem immer von neuem tief in Wagners Musikdramen hinein, in denen ihm «das Übersinnlich-Verborgene» entgegenklang.

Der Theaterplatz zur Zeit Rudolf Steiners. Vor dem Theater das Goethe-Schiller-Denkmal

Durch Theaterkritiken verdiente er sich ein kümmerliches zusätzliches Honorar und war bald mit Paul Böhler, dem Redakteur der «Landeszeitung Deutschland», dem liberalen Blatt, so befreundet, daß er ihn, der in seiner Stadt längst vergessen ist, gleichfalls im «Lebensgang» zu nennen für wichtig hielt. Die Einnahmen, die er als freier Mitarbeiter des Archivs vom großherzoglichen Haus bezog, betrugen monatlich 180 Mark. Für jeden abgelieferten Druckbogen erhielt er weitere 10 Mark. Aber, als sich die Arbeiten so schwierig gestalteten, daß ein Band nicht innerhalb der geforderten sechs Monate druckfertig abgeliefert werden konnte, wurden für jeden Bogen statt der ausgemachten 10 Mark nur 5 Mark ausgezahlt. Steiner litt so mit den Archivaren wie mit den befreundeten Künstlern in gleicher Weise an finanzieller Eingeschränktheit; er teilte hier wie dort Glück über Gelungenes, Enttäuschung über Mißglücktes und Ärger über Vorgesetzte – er war ganz einer der Ihren. Die schmähliche Intrige, die 1895 von einem Adjutanten des Hofs gegen den genialen Lisztschüler Eugen d'Albert geführt wurde, hat ihn tief empört und erregt: d'Albert war legal als Eduard Lassens Nachfolger zum Kapellmeister ans Theater berufen worden. Durch intrigante Machenschaften wurde er auf einmal widerrechtlich, über den Willen des Intendanten hinweg, gegen Bernhard Stavenhagen, den Favoriten eines Höflings, ausgetauscht. Der Hof war im Spiel – also fügte man sich, Steiner aber sah tief in das korrupte Günstlingswesen hinein, das in der Stadt herrschte. Angesichts der Fürstlichkeiten, die ihm freundlich im Archiv begegneten, war ihm das bisher entgangen.

Auch unter den Angehörigen der Kunsthochschule der Stadt fand Steiner bald Freunde. Im «Lebensgang» nennt er besonders den jungen Otto Fröhlich, dessen Bemühungen um Darstellung des Lichts ihn tief beeindruckten. Wie mögen die Gespräche über dieses Thema mit dem jungen Maler zu den Texten der Goetheschen «Farbenlehre» gestimmt haben, deren «Lesarten» er im Archiv bearbeitete! Aus der Hand Fröhlichs stammt ein Porträt Steiners aus dieser Zeit, das sich heute bei der Rudolf Steiner-Nachlaßverwaltung befindet. Bezaubernd aber sind seine durchlichteten Landschaftsgemälde, in die er mit leichter Hand märchenähnliche Figuren setzte, Menschen und Tiere. Die Kunstsammlungen des Weimarer Schlosses bewahren einige eindrucksvolle Bilder von ihm.

Wie intensiv künstlerisches Erleben damals vielfältig auf Steiner eindrang, offenbart schon die Tatsache, daß er zu gleicher Zeit den «Zarathustra» von Richard Strauss *hörte*, den Überschwang des «Zarathustra» von Nietzsche *las* und mit Otto Fröhlich über die bildliche Darstellung dieses Themas *sprach*. In diesen Gesprächen ging es vor allem darum, ob der Maler wahrheitsgemäß auch das Häßliche darstellen müsse. Das Gemälde «Zarathustra», das Fröhlich in jener Zeit entworfen hat, ist leider verschollen. Aber bei der Arbeit an seiner großen Holzplastik in Dornach mag sich Steiner vielleicht, da er den Künstler und die Gespräche mit ihm im «Lebensgang» ausführlich erwähnt, dieses Gedankenaustausches über die verführende Schönheit Luzifers und die abstoßende Häßlichkeit Ahrimans erinnert haben.

Fröhlich ist 1940 in Weimar gestorben. Das Grabmal des Künstlers, nahe der Gruft, in der Goethe und Schiller neben den Särgen des Fürstlichen Hauses ruhen, spricht deutlich von dem Kunstsinn des Malers: ein vierkantiger Pfeiler, der, sich nach oben verstärkend, in einer Schale eine flackernde Flamme trägt.

Auch der Maler Rolletschek spielte damals eine Rolle in Steiners Leben. Er war Deutschböhme und wie Fröhlich Student bei dem Holländer Fritjof Smith, der in Weimar lehrte und dort 1917 starb. Smith, der Maler Marcus Behmer und Gabriele Reuter fanden übrigens als Geistesverwandte eine gemeinsame Grabstätte an der Außenseite der Mauer, die den alten Weimarer Friedhof umgrenzt. Rolletschek widmete sich vorwiegend der Grafik und gab unter dem Pseudonym Rollet auch eigene Gedichte heraus. Seine künstlerischen Leistungen waren nur mittelmäßig, seine Bedeutung im Weimarer Kunstleben jedoch groß. Jeder, so erinnert sich Steiner, konnte bei ihm sein Herz ausschütten und Teilnahme finden. Die eigene Phantasie und Aktivität verausgabte er führend in belebender sozialer Geselligkeit. Nach Steiners Fortgang wurde er auch offiziell der «Hausvogt» im «Künstlerverein», der er schon immer gewesen war. Dem Theater gegenüber befand sich ein nicht mehr genutztes herzogliches Waffenarsenal, das «Zeughaus». Coudray hatte im Jahre 1823, um den Theaterplatz nach Osten zu schließen, ein Kulissenhaus davor gesetzt: einen schönen, rhythmisch gegliederten klassischen Bau mit je einem niedrigeren Flügel zur Rechten und zur Linken; er rundet noch heute aufs schönste den Theaterplatz ab. Dahinter, in dem nun verborgenen und leerstehenden «Zeughaus», hatte sich zunächst ein Hufschmied angesiedelt. In dieser wieder aufgegebenen Schmiede schufen sich dann die Weimarer Künstler und Studenten eine Art Vereinslokal: den «Künstlerverein». Da saß man an offen brennendem Schmiedefeuer bei Bier und Wein zwanglos zusammen, führte ernste Gespräche oder trieb ausgelassen Ulk. Steiner war zwar kein häufiger Gast dort; eigentlich nur, wenn Heinrich Zeller, der Sänger, den er besonders liebte und verehrte, ihn dazu drängte. Auch in diesem Fall beweist sich Steiners damalige Zwiespältigkeit: er suchte Einsamkeit, obwohl er auch darunter litt.

«Weimar – eine Oase» – so hat er im «Lebensgang» einmal gesagt, und in der Tat: die Stadt ist wahrhaft ein ausgesparter Ort, er bietet Ruhe und Geborgenheit für Keimen, Wachsen und Werden – aber ebenso ist es ein abgelegener Winkel, in dessen stiller, enger Abseitigkeit etwas leicht welken und verdorren kann. Beides hat Steiner dort erlebt und weiterhin mit teilnehmendem Blick verfolgt. Welche Stadt als diese hätte es aber sonst wohl gegeben, in der sich wie in einem bunten Kaleidoskop des Lebens derart Widersprüchliches zusammen hätte finden können! Positives wie Negatives in Kunst, Wissenschaft, Politik: überall schöpferisches Leben neben stürmischer, berechtigter oder auch verständnisloser Kritik, und daneben: Spießbürgertum, Aristokratie, Bohème, alles dicht nebeneinander und über diesem allen genialer Schöpfergeist, von geheimen Mächten behütet und immer weiter wirkend – eben «Oase Weimar».

In diesem Weimar befindet sich nun eine heimliche, eine besondere Stelle: «die Altenburg»; ein Hügel über der Stadt, zunächst die Stadt abschließend und durch die Ilm von ihr getrennt. Hier hatte sich Karl Augusts Stallmeister, der Major von Seebach, im Jahre 1811 ein Haus gebaut, der Menschenkreis der Klassik ging hier ein und aus. Dann verbrachte Franz Liszt dort dreizehn schöpferische Jahre seines Lebens. Auch Rudolf Steiners Geschick hat sich dort eingezeichnet.

Eben als er nach Weimar kam, war über dem einsamen Seebachschen Haus ein zweites errichtet worden, ein späterer Ruhesitz für einen Gutsbesitzer Rothe, der es zunächst anderweitig vermietete. Als Steiner in den «Festeswochen» des Jahres zuvor mit den jungen Archivgenossen Wahle und von der Hellen noch am Tage seiner Ankunft über den Hügel der Altenburg nach Tiefurt gewandert war, hatte es noch nicht gestanden. Nun aber war es bewohnt, und zwar von dem Künstlerehepaar Hans und Grete Oppenheim, die sich als Schriftsteller Olden nannten: eine graziöse, kleine Frau mit braunem krausen Haar, intellektuell und sprühend lebendig; dazu ein eleganter, schlanker Mann mit hagerem, spitznasigem Gesicht, der sich in Sarkasmus

Bildnis Rudolf Steiners von Otto Fröhlich, Weimar 1892 (Öl)

und beißendem Witz hervortat. Beide kamen aus Berlin. Bei ihnen auf dem Hügel der Altenburg fand sich nun eine junge, vielfältige Opposition zusammen, zu der sich bald Steiner hinzugesellte. Alles, was Neues anstrebte, alles, was das Alte in Frage stellte oder doch anders genutzt wissen wollte, alles, was mitleidlos und unbesonnen Kritik übte, weil es ein Weimar suchte, das es nicht fand, versammelte sich bei den Oldens auf dem Hügel der Altenburg, wo vorher unter Liszt in ganz ähnlicher Gesinnung der «Neu-Weimar-Verein» getagt hatte. Fast allabendlich fand sich hier ein Kreis von Gästen zusammen: das Ehepaar von der Hellen, Julius Wahle, die Schriftstellerin Gabriele Reuter, Otto Erich Hartleben, wenn er in Weimar war, Rudolf Steiner und wer sich sonst noch als gleichgesinnt hinzugesellte. Die Oldens waren groß darin, frei und mit zynischem Spott ihr Mißfallen über alle Ereignisse der Stadt und ihrer Menschen zu äußern und sie an oberflächlich und rein theoretisch aufgenommenen Ideen von Karl Marx zu messen. Hans Olden notierte sich dabei oftmals bei impulsivem Scherz Gedanken für einen beißenden Artikel in irgendeiner Zeitung. Gabriele Reuter, die Schriftstellerin, aber *lebte* wahrhaft das Neue. Als Kaufmannstochter in Ägypten geboren und einmal in fremdem Land, dann wieder in deutscher Heimat lebend, suchte sie sich geistig aus allen traditionellen Bindungen zu befreien und für die Gleichberechtigung der Frau zu kämpfen. Als Schriftstellerin schlug sie sich und ihre Mutter zunächst mühsam mit Zeitungsartikeln und Skizzen über den Orient durchs Leben und war später so mutig und innerlich frei, nach kurz aufflammender Liebe außerehelich ein Kind zur Welt zu bringen, um diese Tochter Lili, die später den Sohn des Dichters Avenarius heiratete, ganz in ihrem Sinn zu erziehen. Während der Oldenschen Zeit arbeitete sie gedanklich bereits an ihrem Roman «Aus guter Familie», in dem sie die Tragik der unausgebildeten, unselbständigen, ausgenutzten Frau darzustellen suchte. In ihrem Buch «Vom Kinde zum Menschen» hat sie im Jahr 1921 rückblickend jenen Kreis über der Altenburg lebendig geschildert: «Jeder von uns war Herr der Welt ... Vorzüglich Rudolf Steiner ... war groß darin, barocke unerhörte Prämissen aufzustellen und sie dann mit einem erstaunlichen Aufwand von Logik, Wissen, kühnen Einfällen und Paradoxen zu verteidigen.» Lächelnd erzählt sie dann weiter, wie Steiner «mit dem schmalen Mönchskopf, der hohen strahlenden Stirn» sich darüber stritt, ob es dem «Individuum erlaubt sei, ein anderes Individuum aus dem Wege zu räumen, wenn die Antipathie gegen dieses andere Individuum uns z. B. hindere, unser Lebenswerk zu tun». Und an anderer Stelle: daß er sich einmal empört habe, daß ein Bekannter grußlos an ihm vorbeigegangen sei. Auf Oldens Frage, ob er ihn denn nicht zur Rechenschaft gezogen, habe er gemurrt: er habe ihn «nur einen Abschaum der Menschheit genannt ...». Man lacht, zeigt es doch, wie jugendlich derb und von Witz belebt sich dieser Werdende in seiner Weimarer Zeit geben konnte. Welch glühendes Temperament lebte sich da aus und bändigte sich zugleich dadurch, um später Wichtigstes sagen zu können.

Gabriele Reuter zitiert dann Nietzsche: «Wir fühlten uns alle jenseits von Gut und Böse!» Nietzsche – er war der Prophet, dem sie dort oben in genialischem Schwung und im Drang nach Umkehr zu folgen versuchten, da ihnen Goethe verschlossen blieb.

Steiner verdankt Gabriele Reuter, wie er sagt, «schönste Stunden». Sie hatten den gemeinsamen Heimweg von Oldens, da sie zunächst in derselben Straße wohnten. Einmal standen sie, wie Steiner erzählt, stundenlang in glühender Mittagssonne, um Probleme auszutauschen, und spürten die äußere Hitze nicht.

Steiner liebte und schätzte den Freundeskreis auf der Altenburg bei Oldens. Hier konnte er entspannen, abreagieren, Gleichgewicht, mehr noch, Mut zu sich selber finden. Hier ging es unkonventionell und freimütig zu, hier herrschte, wie er später rühmte, «artistische Heiterkeit». Man stritt sich um die wenigen Eibrötchen, die Frau Grete aufzutischen vermochte – «nur ein Ei wurde geschlachtet»; man zog unverblümt, ja übertrieben über alles Weimarische her. Auf dem Balkon des Hauses, von dem aus man eine freie Sicht hatte über die Stadt, die sich unter dem Ettersberg zusammendrängt, saß man in junger Gemeinschaft lachend, revoltierend, diskutierend beieinander, und jeder suchte auf diese Weise im stillen den eigenen Standpunkt.

Leider endete Oldens hemmungslose und unbesonnene Kritiklust diese schöne Zeit, die ein Ventil gewesen war für Ärger und Unmut und ebenso fruchtbarer Boden für Eigenes, Neues. Im «Magazin für Litteratur» am 20. Dezember 1893 ließ er einen Artikel erscheinen mit dem Titel: «Vom Musen- und Witwensitz». In diesem Aufsatz griff er die Großherzogin Sophie öffentlich an, indem er berichtete: einer der Archivare habe die Fürstin anläßlich ihres Plans, ein Archiv für die kostbaren Dichternachlässe dicht über der Ilm auf der Altenburg zu errichten, darauf aufmerksam gemacht, daß es da, zumindesten im Parterre, durch den Fluß sehr feucht sein werde. Sie habe darauf geantwortet: Nun, dann können da die Archivare sitzen! Es gab verständlicherweise eine aufgeregte Untersuchung des Hofs, und der Verdacht, einen solchen Ausspruch weitergetragen zu haben, fiel auf Dr. von der Hellen. Er wurde zur Rechenschaft gezogen und hatte sogleich seine Entlassung aus dem Archiv einzureichen. Es mußten natürlich Oldens Weimar verlassen. Damit löste sich dieser Freundeskreis auf, der allen so nützlich gewesen war. Es war Anfang 1894 – die Mitte von Steiners Weimarer Zeit.

Die Gründerjahre mit ihrem technisierten und materialisierenden Denken und der damit verbundenen Fortschrittsgläubigkeit ließen eine Ganzheit der Kultur mehr und mehr zerfallen. Ein Großteil der Menschen bewunderte selbstzufrieden und kurzsichtig die Welt der Maschine, die sie doch unmerkbar mehr und mehr aus dem Bereich natürlichen Lebens vertrieb. Rudolf Steiner erkannte die Gefahr deutlich und fühlte die Kraft in sich, Heilmittel entgegenzusetzen. Man müßte Goethes Betrachtungsweise des erkennenden, schaffenden Geistes weiterdenken, so meinte er, und als anwendbare Lehre darstellen. Goethes Methode, Welt und Natur zu betrachten, sein bewußter Wille, sich neben der Wirklichkeit der Materie für die Realität des Geistigen zu öffnen, schien ihm ein hilfreicher Impuls für die Zukunft, der überall anzuwenden wäre. «Daß sich», so schrieb er, «in der Pflanze, in dem Tiere etwas anschauen lasse, was der bloßen Sinnesbeobachtung nicht zugänglich ist, war Goethes Grundüberzeugung. Was das leibliche Auge an dem Organismus beobachten kann, scheint Goethe nur die Folge zu sein des lebendigen Ganzen durcheinander wirkender Bildungsgesetze, die dem *geistigen Auge* allein zugänglich sind.» Die Möglichkeit solchen Denkens, solcher verfeinerten Wahrnehmung war allein dem Menschen gegeben, der so, gleichsam selber schöpferisch, Idee und Materie wieder zusammenzufügen imstande war. Er vermochte mit Augen des Geistes zu schauen und als selbständige freie Persönlichkeit jenseits der Dinge den schaffenden Geist zu erkennen, er vermochte kosmisches und weltliches Geschehen zu begreifen, ja, in gewisser Weise selber nachzuvollziehen. So hatte bereits ein Aristoteles Denken und Gottheit gleichgesetzt und Thomas von Aquino gewußt, daß umfassende Weltwirklichkeit nur durch lebendiges Denken erkannt werden könne. Schöpferische Gedanken schufen Freiheit und verliehen dem Menschen seine Besonderheit.

In Wien hatte Steiner bereits im *allgemeinen* erkannt, daß es Goethes große Leistung auf naturwissenschaftlichem Gebiet war, zu entdecken, daß man mit denkend geschauter Form in Polarität und Steigerung selber schaffend werden könne. Nun, an der Fülle neu zutage getretener Zeugnisse im Archiv, an der intensiv erlebten Unmittelbarkeit der Handschriften, an dem Geist, der von ihnen aufstieg, vermochte er diese Impulse als eine Lehre, die benutzbar, weil begreiflich war, weiterzuentwickeln: er schrieb seine «Philosophie der Freiheit» nieder, jene Grundlage der Anthroposophie, in der er wissenschaftlich darlegte, wie man, auf Goethes Weg fortschreitend, mit eigenem Denken schöpferisch sein und freie Moralität in echter Menschlichkeit verwirklichen könne.

Dieses Buch, aus Wiener Anfängen während der ersten Weimarer Jahre ins immer Realere gewachsen, wurde 1893 vollendet, also in der Mitte der Weimarer Zeit, und war die Niederschrift der persönlichsten Erfahrungen und Einsichten dieses Einzelgängers. Trotz Überbelastung mit Arbeit – er hatte zu allem bei dem Verlag Cotta noch die Herausgabe der Werke Schopenhauers und Jean Pauls übernommen und mußte auch da immer von neuem um Verlängerung der ursprünglich von ihm genannten Termine bitten –, trotz bunt gefüllter Tage durch zeitraubende Freundesbeziehungen und, wie er am 18. Oktober 1890 klagte, Belastung durch «nichtanregenden Umgang», schrieb er nun jene Ideen nieder, die in ihm gereift waren: ein Buch über die Möglichkeit menschlicher Freiheit, die allein Sache des einzelnen ist. In Weimar, in dieser «Oase Europas», verfaßte er das Buch, welches Grundlage sein konnte für einen Erkenntnisweg aus krankmachender Materialisierung und das fähig sein könnte, Seelen- und Geisteskräfte für kommende große Aufgaben zu stärken.

Im Spätherbst erschien dieses Buch mit dem Erscheinungsdatum des neuen Jahres, 1894, im Verlag von Emil Felber. Emil Felber war ein junger Verlagsbuchhändler, der aus Berlin in die Junkerstraße (Trierer Straße) 39 übergesiedelt war, also in eben die Straße, in der Steiner die ersten zwei Weimarer Jahre gewohnt hatte. Das Exemplar, das Steiner am 22. November 1893 seinem Direktor überreicht hat, ein broschierter Oktavband, trug in Tintenschrift folgende Widmung: «Herrn Professor Dr. Suphan in besonder Verehrung überreicht» – er schreibt: «besonder» – vielleicht flüchtig in Eile oder aber insgeheim von seinem eigenen Ausdruck beirrt, den er sich mühsam konventionell abgefordert hatte. Eine Zeile darunter, ohne jegliche Interpunktion: «Der

Verfasser». – Noch ist es eine zwar rhythmische, doch zarte, intellektuell geformte Handschrift. Suphan hat auf das leere weiße Vorsatzblatt mit Tinte seinen eigenen Namen gesetzt: «Suphan». Er steht da, mit großen, steifen, teigigen Zügen, mit ausladendem, wie gemaltem Anfangsbuchstaben, bei dem die hohe, schräg ausfahrende Oberschleife in einer schneckenartig in sich selbst kreisenden Unterschleife mündet. Der Geltungsanspruch und das verknäulte Ich des Schreibers konnten nicht deutlicher zum Ausdruck kommen. Suphan hat den ursprünglich broschierten Band immerhin für wert befunden, ihn für seine Bibliothek binden zu lassen: in einen festen, dunkelgrün marmorierten Band mit dunklem Leinenrücken und Leinenecken, und er hat eigenhändig auf das gelbe Titelschild außen mit Tinte geschrieben: «Steiner Philosophie der Freiheit».

Beim Empfang hat er dem Verfasser gewiß vielwortig liebenswürdigen Dank gespendet. Wenn er in dem Buch geblättert haben sollte, so hat er vermutlich abschätzig den Kopf geschüttelt; und in der Tat, der Text verlangt intensive Aufmerksamkeit.

Am 21. März 1894 hat Steiner in einem Brief an die Freundin Pauline Specht nüchtern festgestellt, daß er seit Erscheinen seines Werkes in Weimar nichts mehr gelte. Er hat also spürbar von allen Seiten Kritik erfahren: gewiß nicht durch förderliche Teilnahme, sondern wohl durch nichtssagende Bemerkungen oder durch beredtes Schweigen. Wenn man hören will, so spricht es Bände, wenn er, am 17. Februar 1894 in Jena zu der großen Feier von Haeckels sechzigstem Geburtstag von dessen Sohn eingeladen (übrigens er als einziger Weimaraner, wo er doch kein Weimaraner war!) – im gleichen Brief an Frau Specht berichtet: es sei ihm vom Archiv anläßlich dieser Tatsache bedeutet worden, er möge «nur ja keine aufrührerischen Worte als Toast» anbringen, «denn das ‹Goethe- und Schiller-Archiv› wäre nicht in der Lage, sich mit seiner Überzeugung einverstanden zu erklären»! Es klingt wie ironisierender Scherz; doch in Wahrheit offenbarte sich hier wohl echte Meinung: Das Buch – es wurden damals nur wenige Exemplare verkauft – vertiefte die Reserviertheit, ja Abneigung, die sich gegen Steiner und seine Ideen im Archivkreis gebildet hatten.

Die Hoffnung, in Jena eine Dozentur für Philosophie zu übernehmen, die von Anbeginn der Weimarer Zeit in ihm gelebt hatte und in den drei Jahren durch Verbindung mit Bardeleben und Haeckel ganz nahegerückt zu sein schien, wurde durch ein abschätziges Zeugnis Suphans zunichte gemacht. Steiner fühlte bedrückt, wie hier nicht nur Suphans Meinung über sein Buch und seine Arbeit am Archiv zum Ausdruck gekommen war, sondern offensichtlich kleinlicher Neid. Einen Aufsatz über Goethes Forschung, den er in dieser Zeit verfaßt hatte, konnte er, obwohl das «Goethe-Jahrbuch» doch sinnvollerweise zur Verfügung gestanden hätte, nicht im Druck unterbringen. Wie wäre es auch denkbar gewesen, daß der zwischen traditioneller Konvention, höfischem Zwang und Schererscher Philologie eingeklemmte Suphan die Arbeiten dieses «erstaunlichen Phantasten» hätte begünstigen können!

«Daß ich weiter von Weimar *nichts* zu erhoffen habe, liegt in der Natur der Verhältnisse», so äußert sich Steiner bitter am 3. November 1894 in einem Brief an Schröer. Ein Satz, dessen Tragik gar nicht tief genug eingeschätzt werden kann, weil er die Hoffnungslosigkeit anzeigt, in der sich der junge Wissenschaftler damals befand. Schröer, der Adressat, war es ja gewesen, der ihm in nur erahnbarem Schicksalszusammenhang den Weg nach Weimar bereitet hatte. Und dies also schien das Ergebnis! Doch es schien wohl nur so. Suphan gehört nicht nur deutlich in Rudolf Steiners persönliches Geschick hinein, sondern er war wohl notwendiger Gegenpol bei der gedanklichen Erfüllung der Aufgabe, die seiner wartete. Gerade weil ihm Suphan mit seinen Söhnen menschlich im Positiven und im Negativen so nahegerückt war, hinterließ die Erkenntnis, daß, wie es schien, in Weimar nur Vergangenes sorgfältig bewahrt wurde und dabei persönlich allzu Menschliches im Spiel war, tiefste notwendige Eindrücke. Die Photographien, die Steiners Antlitz aus dieser Zeit zeigen, sprechen eine beredte Sprache. Gewiß formt sich innerhalb von sieben Jahren ein Gesicht. Doch war Steiner, als er nach Weimar kam, bereits fast dreißig Jahre alt, also kein Jüngling mehr. Seine Züge damals aber zeugen noch von einer jugendlichen Reinheit, einem durchgeistigten Insichruhen, das auffällt. Die beiden Photos aus dem Jahre 1896 dagegen beweisen einen verwandelten Menschen: das eine spricht von trotzig-entschlossenem Widerstand, das andere zeigt beredt eine in sich ruhende, klare Festigkeit, die ein hohes Ziel in Angriff zu nehmen sich fähig fühlt – ein klar zu schauendes Ergebnis Weimars.

Von Weimar nichts zu erhoffen? In Wahrheit führt das Schicksal Steiner gerade nun aufs neue in wichtigste Erlebnisse, die Befestigung und Ausgestaltung seiner Ich-Wesenheit bewirkten. Im Grunde wußte er ja, daß der wahrhafte Erkenntnismensch

Rudolf Steiner 1886
Die beiden Photos beweisen einen verwandelten Menschen:
das eine spricht von trotzig-entschlossenem Widerstand …

Rudolf Steiner 1886
... das andere zeigt beredt eine in sich ruhende, klare Festigkeit,
die ein hohes Ziel in Angriff zu nehmen sich fähig fühlt

alles erleben müsse – so hatte er am 10. September 1891 an die nahe Freundin Rosa Mayreder geschrieben. Die Intensität, mit der er sich, tief in Goethes Gedankenwelt versunken, nun mit Nietzsche und dessen revolutionären Ideen auseinanderzusetzen hatte, muß wesentlich dazu beigetragen haben, immer sicherer die eigenen Ansichten auszubauen. In der Form hinreißender Prosa verkündet Nietzsche seinen enthusiastischen Radikalismus. Unter Vorspiegelung wahrhaft freien Denkens zeigt er seiner Zeit einen verlockenden Weg der Freiheit, der doch schließlich im Nichts bloßer Verneinung endet.

Dieser genialische Überschwang einer berechtigten, ja notwendigen Zeitkritik, diese radikalen Ideen, blendend formuliert, trafen Steiner nun bei der täglichen Übung strenger Buchstabenarbeit und der Sicht auf genauestes Detail im Archiv. Sie erlösten, ja inflammierten ihn und forderten durch diese extreme Gegensätzlichkeit aufs neue ernsteste Prüfung und Fortentwicklung der eigenen Gedanken. Das tiefgefühlte Erlebnis Nietzsche verlieh ihm wohl endgültig den Mut, die Tore immer weiter aufzustoßen für sein eigenes Werk. Nietzsches grelles Feuer löschte Goethes wegweisendes Licht nicht aus, sondern verlieh ihm nun unantastbare, unübersehbare Strahlkraft.

Eben in diesem Sommer 1894, wiederum deutliche Schicksalsfügung, kam die Schwester Nietzsches, Frau Elisabeth Förster, ins Goethe- und Schiller-Archiv, um sich dort Rat und Anregung zu holen: sie plante, für die Werke ihres kranken und hilflos gewordenen Bruders ebenfalls ein Archiv aufzubauen. Steiner, offen für jede Menschenbegegnung, interessierte sich sogleich für diese Frau und ihre Pläne. Im Jahre 1886, seltsamerweise genau in der gleichen Zeit, zu der ihm die Goethe-Arbeit in Weimar angetragen worden war, hatte er in Wien mit größter Begeisterung zum ersten Mal Werke Nietzsches gelesen; nun, genau zu dem Zeitpunkt, da ihn das Goethe-Archiv durch Nichtachtung seiner eigentlichen Ziele gleichsam ausstieß, trat diese Persönlichkeit intensiv in sein Leben ein. Es scheint ein beredtes Zusammentreffen, daß Nietzsche in eben der Zeit, als Steiner von seinen Werken entflammt wurde, in Turin in erschütterndem Wahnsinn zusammenbrach.

Frau Förster stand im achtundvierzigsten Lebensjahr, als Steiner ihr begegnete, und war seit fünf Jahren Witwe. Sie hatte spät geheiratet und war vor kurzem aus Paraguay zurückgekehrt, wo ihr Mann, der Gymnasiallehrer Dr. Bernhard Förster, der in Berlin

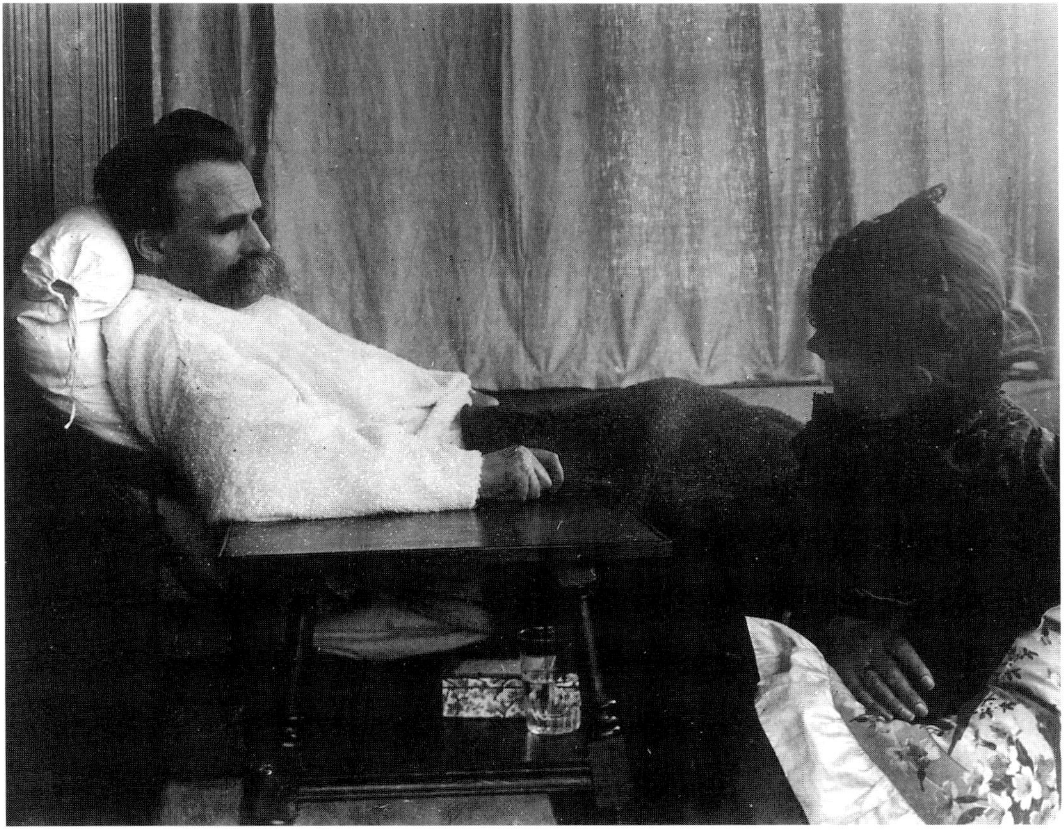

Friedrich Nietzsche mit seiner Schwester in Naumburg 1894

seinen Dienst wegen antisemitischer Machenschaften hatte quittieren müssen, versucht hatte, eine deutsche Kolonie mit der gleichen judenfeindlichen Tendenz aufzubauen. Auch dort war er gescheitert und endete vermutlich durch Selbstmord. Seine Witwe kehrte nach Naumburg zurück, wo ihre Mutter noch lebte und wohin Nietzsche im Mai 1890 völlig umnachtet heimgekommen war. Die Schwester widmete sich nun gemeinsam mit der Mutter ganz dem Kranken und seinem Werk. Aber ihre ehrgeizige Aktivität hatte sogleich auch die Chance für die eigene Geltung erfaßt.

Sie war eine zierliche, äußerst temperamentvolle, kluge Frau mit einem ansprechenden runden Puppengesicht und schönen schmalen Händen, die sie in weißen Glacéhandschuhen ausdrucksvoll beim Sprechen zu bewegen wußte. Sie hatte ihr ein wenig dünnes Haar vielfach gekräuselt geschickt um den Kopf gelegt. Als alte Frau trug sie stets ein Löckchentoupet unter einem schwarzen Spitzenhäubchen. Sie gewann sogleich Interesse an Steiner, wie auch er an ihr, und lud ihn nach Naumburg ein, um ihm dann erstaunlich bald das Ordnen von Nietzsches Bibliothek zu übertragen. Da stand er in dem niedrigen Haus Weingarten 18 vor den schweren Eichenschränken, die alle gekrönt waren mit den Symbolen von Schlange, Löwe und Adler, die Nietzsche sich bezeichnenderweise zu eigen gemacht hatte. Sie öffneten sich vor ihm für eine schwierige Aufgabe, die doch unendlich reizvoll war, da Nietzsche alle Bücher, die er las, mit Strichen und impulsiven Randbemerkungen versehen hatte. Oft waren die Einträge in kaum leserlicher Schrift, fast nicht entzifferbar. Doch abermals stieg vor ihm aus der Handschrift unmittelbar die Persönlichkeit empor und vertiefte den Eindruck der Worte.

Gleich bei seinem ersten Besuch in Naumburg hatte Frau Förster ihn auch in das Zimmer des Kranken geführt. Steiner stand und sah erschüttert die vom Geist verlassene und doch sichtbar von Geist geprägte Gestalt Nietzsches. Es gehört dies zu den eindrucksvollsten Erlebnissen, die er je gehabt hat. Oftmals, auch in der Schilderung des «Lebensgangs», tönt noch seine tiefe Ergriffenheit darüber fort. Er sah tragisches geniales Schicksal: «Nietzsches Seele wie schwebend über seinem Haupte, unbegrenzt schön in ihrem Geisteslichte; frei hingegeben geistigen Welten, die sie vor der Umnachtung ersehnt, aber nicht gefunden; aber gefesselt noch an den Leib, der nur so lange von ihr wußte, als diese Welt noch Sehnsucht war ... Ich hatte vorher *den* Nietzsche *gelesen,* der geschrieben hatte; jetzt hatte ich den Nietzsche *geschaut,* der aus weit entlegenen Geistgebieten Ideen in seinen Leib trug, die noch in Schönheit schimmerten, trotzdem sie auf dem Wege ihre ursprüngliche Leuchtkraft verloren hatten. Eine Seele, die aus früheren Erdenleben reiches Lichtgold brachte, es aber nicht ganz in diesem Leben zum Leuchten bringen konnte.» So hat Steiner dieses Erlebnis geschildert. Er hat solchen Besuch nie wiederholt, obwohl es möglich gewesen wäre. Die Taktlosigkeit, die die Schwester beging, indem sie den wehrlosen Kranken zum Schauobjekt machte, wurde ihm wohl erst bewußt, als er die Skrupellosigkeit Frau Försters erkannt und zu seinem Schmerz an sich selber erfahren hatte. Zunächst aber schienen ihm die Besuche in Naumburg wie ein heilender Ausgleich zu Weimar. Hier war Zukunft gesucht worden, und dort wurde Vergangenes bewahrt.

Er bekam das noch vollendete Kapitel des «Antichrist» zu lesen und fühlte darin das eigene tiefe Ungenügen an der Gegenwart bestätigt, ja, er wurde eben durch das verwegene Extrem dazu ermutigt, seinen Weg fortzugehen. Es wurde ihm auch vergönnt, das damals noch unveröffentlichte letzte Werk Nietzsches, den «Ecce homo», in der Handschrift sehen und lesen zu dürfen, und er fühlte sich dabei wie eingeweiht in Nietzsches Schicksal. Da war eindrucksvoll das Titelblatt: der Kranke hatte es wie in einem Wunschtraum selber aufgemalt und es vor seine bitteren, genialen Aphorismen gesetzt – teils in Handschrift, teils in nachgeahmtem Druck mit angenommenem Erscheinungsjahr und Verleger: «Ecce homo»; und darunter: «Wie man wird, was man ist.» Und abermals darunter: «Leipzig 1889». Dann folgte das selbstbewußte Vorwort: «Wer die Luft meiner Schriften zu athmen weiß, weiß, daß es eine Luft der Höhe ist, eine *starke* Luft. Man muß für sie geschaffen sein, sonst ist die Gefahr keine kleine, sich in ihr zu erkälten. Das Eis ist nahe, die Einsamkeit ist ungeheuer – aber wie ruhig alle Dinge im Licht liegen! wie frei man athmet! wie Viel man *unter* sich fühlt!»

Steiner erspürte den genialen Willen, neue große Zeitimpulse zu setzen, der aber in diesem Dasein nicht zurecht hatte kommen können, und war erschüttert. Er hielt die Blätter mit der teils plastischen, teils kaum leserlichen Künstlerschrift Nietzsches in der Hand, die manchmal durch ihre weiträumigen Rundungen und ihren starken Druck fast gemäldehaft wirken konnte. Da war der Text, der zugleich von Genie und ewigen Wahrheiten wie von Wahnsinn und Irrweg zeugte, aber immer von einem Selbstbewußtsein ohne Maß. Welch ein Unterschied zu Goethe! Aber wie schon bei

Goethe konnte er nun bei Nietzsche durch Handschrift, Anstreichungen, Verbesserungen unmittelbar in eine geistige, im Druck verborgene Werkstatt sehen. Es stieg für ihn durch den Blick auf die Handschrift lebendiges Schicksal auf: Hinter grellen Überspitzungen erkannte er Nietzsches mutigen, ja verzweifelten Kampf des Geistes gegen überlebte Tradition und materialistische Weltauffassung. Das alles rührte ihn tief an, traf es doch bei ihm auf ähnlich protestierende radikale Gedanken und Gefühle. Er hatte solche zwar bereits in Max Stirners Werk «Der Einzige und sein Eigentum» bewundert und sie dort eigentlich klarer und sachlicher formuliert gefunden – die Ausführungen Johann Caspar Schmidts, der sich Max Stirner nannte, erschienen ihm überzeugender, während bei Nietzsche seiner Meinung nach eben doch «Selbstkritik und Logik» fehlten. Aber die hinreißende Sprache, die Melodie des Worts, die geniale Phantasie der Bilder, der Mut des Revolutionärs, eben «das Freischwebende des Geistes» – mit solchem Wort suchte er seinen Eindruck zu fassen – fanden in seiner Seele ein fortklingendes Echo, wortwörtlich: Widerhall. Da war das Wort von der «ewigen Wiederkunft des Gleichen» – es war doch ein Versuch, weiterzudenken! Wie Nietzsche fühlte er sich selber eingeklemmt in leergewordene Formen und Formeln; auch er suchte nach einem neuen, echten Verhältnis zur Welt, nach Erkenntnis; und das Wort «Gott ist tot» – falls es ihm begegnet ist – weckte in ihm wohl nur das tiefe Bestreben, gleich Goethe in Orient und Okzident nach demjenigen von «seinen hundert Namen» zu suchen, der für die Zeit der rechte war. Er verfaßte, tief beeindruckt, im Jahre 1895 seine Schrift «Nietzsche, ein Kämpfer gegen seine Zeit». Fast entschuldigend erklärte er: «Daß das Buch nur ein … Stammeln geblieben ist, verbirgt die aber doch wahre Tatsache, daß das Bild Nietzsches es mir inspiriert hat.» In einer Gedächtnisrede am 13. September 1900 zu Nietzsches Tod im Kreise der «Kommenden» urteilte er objektiver: «Er wird der Zukunft nicht ein origineller Philosoph, nicht ein Religionsstifter oder Prophet sein» – so sagte er nun und fuhr fort: «er wird ihr ein Märtyrer der Erkenntnis sein, der in der Dichtung Worte fand, um zu sagen, was er litt.» Mit diesem Tassowort schloß er unüberhörbar Goethe und Nietzsche für sich zusammen. Der kranke Geniale war ihm zu einem Prüfstein geworden, zu einer Art Mahnung, jegliche Art persönlichen Gefühls, und sei es noch so hinreißend und drängend, beiseite zu lassen und zu objektiver Geistigkeit vorzustoßen.

Auf dem «Silberblick» an der Humboldtstraße

Kurz bevor Rudolf Steiners Nietzschebuch erschien, hatte Lou Salomé, eine junge Russin, die eine Weile Nietzsche intim nahegestanden hatte, eine Schrift über den Freund veröffentlicht, und fast gleichzeitig war der erste Band der Biographie der Schwester Nietzsches über den Bruder erschienen. Steiner las beide Bücher aufmerksam. Er verurteilte die Darstellung der Salomé, weil sie Nietzsche vorwiegend als betörenden Mystiker schilderte, während er selber fruchtbare Ansätze zu neuem Denken bei ihm fand. An Frau Försters Biographie kritisierte er nur «einige kleine Taktlosigkeiten», lobte aber die «Palette, hingestrichen aus Erlebnissen», die natürlich niemand außer ihr kennen konnte. Er ahnte nichts davon, daß die Schwester diese «Palette» gefälscht und gefärbt hatte. Er wußte nichts von der kleinlichen Eifersucht der Schwester auf das junge, schöne, kluge Mädchen Lou Salomé, das doch einmal Nietzsche seine tiefe Einsamkeit vergessen gemacht hatte, und ahnte nicht, daß diese Eifersucht eine Zeitlang zu einem krassen Bruch im Verhältnis von Bruder und Schwester Anlaß gewesen war, der im Grunde nur ein einziges Mal die tiefe Gegensätzlichkeit der Geschwister aufgerissen hatte. Frau Förster vertuschte in ihrer «Palette» auch jene finsteren Farben, die in Ekstase, Anomalität und Krankheit Nietzsches Leben und Werk getrübt hatten.

Im Vorwort ihres zweiten Bandes pries das «Lieschen» übrigens Steiners soeben erschienenes Buch hoch. Es war ihr entgangen, daß er zwar Nietzsches überlegene Genialität, seinen Kampf um Durchbruch und Freiheit des Gedankens bejahte, aber schon damals den tragischen Mangel an Logik und Selbstkritik erkannte, als «nicht zu Ende gedachten Enthusiasmus» darstellte und so ihre eigene kritiklose und verwischende Ruhmredigkeit ad absurdum führte. Unter dem Eindruck intimer lebendiger Unmittelbarkeit, die ihm die Schwester vom Bruder vermittelte, übersah Steiner auch wohl willentlich die Hausbackenheit und Unebenbürtigkeit der Darstellung der Schwester. Er sah nur tief bewegt in Nietzsches Lebensweg hinein. «Ich konnte in meinen Gedanken nur stammeln» – so hat er am 13. September 1900 sein eigenes Buch verteidigt.

Steiner befreundete sich auch sogleich mit Fritz Koegel, dem Mann, den sich Frau Förster von 1894 an als Herausgeber der Werke Nietzsches gewonnen hatte. Als sie am 1. August 1896 zunächst ohne den kranken Bruder mit seinem Archiv aus Naumburg nach Weimar übersiedelte, erst in die Wörthstraße 5 (heute Thomas-Müntzer-

Straße) und kurz danach in eine große, einsam gelegene Villa auf dem «Silberblick» (an der Humboldtstraße), einem Hügel im Süden über der Stadt, hatte Fritz Koegel seinerseits schon in der Altenburg Wohnung gefunden; zwar nicht in dem durch Liszt berühmten Haupthaus, sondern in dem angrenzenden Hinterhaus, das einst von Seebach für Ställe und Wagenremisen und als Wohnung für die Dienerschaft gebaut worden war. Fast niemand wußte damals noch, daß eben in diesem niedrigen Nebengebäude, in dem «Blauen Zimmer», Liszt dreizehn Jahre abseits vom lauten Getriebe des Haupthauses gearbeitet und seine bahnbrechenden neuzeitlichen Musikwerke geschaffen hatte. Der Berg, den Frau Förster für das Nietzsche-Archiv wählte, der «Silberblick», liegt fast polar dem Hügel der Altenburg gegenüber – aber beide gleichsam am Rande der Stadt – *über* der Stadt –, auch dies, so scheint es, ein beredtes Sinnbild. Die lebendige Erinnerung der Weimaraner an Liszt verband sich nicht mehr mit der Altenburg, sondern mit seiner letzten Wohnung am Park. Immerhin – noch war die Stadt voll von Liszt-Enthusiasten. Auch Steiner hatte Kenntnis von dieser Epoche. Im November 1890 hatte er im Theater den «Barbier von Bagdad» des Peter Cornelius gehört, ihn sehr «interessant» gefunden und dazu bemerkt, «der Sturm darüber» – Liszt hatte wegen eines anschließenden Theaterskandals, den der Intendant Dingelstädt, um Liszt zu schaden, inszeniert hatte, seine Entlassung eingereicht und Weimar aufgegeben – sei nun längst vergessen. Steiner wußte immerhin davon. Doch ist es nicht wahrscheinlich, daß sich Koegel oder Steiner der bedeutungsvollen Geschichte des «Blauen Zimmers» bewußt waren, als sie hier, durch Nietzsche miteinander verbunden, freundschaftlichen Umgang pflegten. Doch gehört auch das «Blaue Zimmer» in die Geschichte der Weimarer Jahre Steiners hinein, und es ist reizvoll, sich vorzustellen, daß er in jenem Raum, in dem die neue Musik der Tondichtung geschaffen worden war, die Wortmusik Nietzschescher Aphorismen vernommen hat, die Koegel aus bisher unveröffentlichten, kaum leserlichen Handschriften und Notizbüchern zusammengestellt hatte. Beide fühlten bei den extrem antichristlichen Themen, die sie da lasen, vermutlich nur das Glück erlösender Gedankenfreiheit, die sie in eigenen Ansichten bestärkte. Auch Steiner war ja der Überzeugung, daß der Kirchenglaube der Zeit überwunden werden müsse und daß der Mensch zu lernen habe, in Unabhängigkeit von allgemeinen, nun überholten Thesen das Dasein frei aus sich selbst zu gestalten und auf diese Weise eine für die Zeit gültige Moral zu schaffen.

So hatte er es ja im zweiten Teil seiner «Philosophie der Freiheit» gefordert und darzustellen versucht. Es ist nicht unwahrscheinlich, daß gerade Nietzsches krasse Überspitzungen ihn die eigenen Ausführungen immer von neuem überdenken und immer von neuem auf Goethe zurückweisen ließen und so für die eigene Fortentwicklung entscheidend wichtig wurden.

In bemerkenswerter Duplizität trat in der Mitte der Weimarer Zeit nun das Erlebnis Nietzsche neben das Erlebnis Goethe, nicht nur in der geistigen Auswirkung. Wie im Archiv, so wurde auch hier die tiefe Einwirkung verstärkt durch bittere persönliche Erfahrung. Nicht nur, daß Nietzsches Überschwang gegen die klare Geistesschau Goethes trat, beider Wirkung wurde in ganz ähnlicher Weise seelisch tief eingegraben und durch äußere Mißhelligkeiten verstärkt. Sowohl Suphan wie Frau Förster waren ihm mit erwärmender, ungewöhnlicher Aufgeschlossenheit entgegengetreten und bereiteten ihm menschlich wie beruflich Nachteil und Leid. Beides aber hat auch wohl das Seine zur Reifung und wachsenden Widerstandskraft beigetragen.

Koegel war ein Mitteldeutscher, ein Jahr älter als Steiner und völlig anders geartet: zwar ebenfalls erstaunlich vielseitig begabt, aber von einer ungehemmten Vitalität. Mit weißer Sportmütze radfahrend, jagend, durch schöne Singstimme ausgezeichnet, hatte er sich unruhig, wenn auch erfolgreich, in den verschiedensten Berufen bewährt. Er war faszinierend anzusehen: üppiges dunkles Haar wuchs ihm in spitzem Bogen in die Stirn hinein und betonte den schwarzen Glanz seiner Augen. Ein dichter gerader Schnurrbart, zu Steiners Zeit sorgfältig nach beiden Seiten lang ausgezogen, teilte mit waagerechtem Strich das Gesicht. Er war von Frau Förster impulsiv zur Herausgabe der «Sämtlichen Werke» Nietzsches engagiert worden, nachdem Peter Gast ihrer Ansicht nach versagt hatte. Koegel war mit seinem Kunstsinn und seiner vielseitigen Intelligenz nach ihrem Sinn ganz dazu geeignet. Es gelang ihm auch erstaunlich, sich völlig in Nietzsches fast unleserliche Handschrift einzulesen. Er war enthusiastisch bei der neuen Arbeit, als Frau Förster Rudolf Steiner kennenlernte und ihre Sympathie lebhaft diesem zuwendete. Ja, unberechenbar, wie sie allzeit war, nannte sie unvermutet in aller Öffentlichkeit neben Koegel als Herausgeber der Werke Nietzsches Rudolf Steiner. Koegels plötzliche Verlobung, die ihr nicht genehm war, mag dabei eine Rolle gespielt haben. Steiner hatte zwar, da dieser Plan keineswegs mit ihm ernsthaft besprochen worden war, noch in keiner Weise zugestimmt – obwohl er viel-

Altenburg, Jenaer Straße 3

Eingangshalle

leicht nicht abgeneigt gewesen wäre, ein solches Amt anzunehmen. Doch schon das sich schnell verbreitende Gerücht brachte begreiflicherweise ernste Mißstimmung in das Verhältnis der Freunde. Der temperamentvolle, tief gekränkte Koegel drohte wohl sogar damit, den anderen zum Duell zu fordern. Um so erstaunlicher und klärender, dennoch ebenso schwer begreiflich für beide war es, daß Frau Förster, wiederum völlig unerwartet, Eduard von der Hellen zum neuen Mitarbeiter an der Nietzsche-Ausgabe berief und dies nun sogleich in aller Legalität.

Steiner aber galt in der oberflächlichen und nach Skandal begierigen Öffentlichkeit weiter als Herausgeber und somit auch als verantwortlich für die gewissenlosen Auslassungen, ja Veränderungen, welche die Schwester, wie langsam durchsickerte, um spießbürgerlicher Moral willen an den Texten des Bruders vornahm. Er berichtigte zwar kurz am 20. September 1896 in einem Schreiben an die Redaktion des «Hamburger Fremdenblattes» und am Tag darauf an die der «Allgemeinen Zeitung München» die Sachlage – aber ohne wesentlichen Erfolg. Erst vier Jahre später hat er, um die falschen Anwürfe endlich zum Schweigen zu bringen, in den großen Zeitschriften, dem «Magazin für Litteratur», der «Zukunft» und der «Gesellschaft», die wahren Tatsachen ausführlich geschildert und Frau Försters gewissenloses Verhalten unbeschönigt bekanntgemacht.

Die Erlebnisse auf dem Berg der Altenburg, bei Oldens, nun auch mit Koegel, bedeuten Gutes und Ärgerliches in Steiners Erinnerung. Er äußert in einem Brief einmal, daß Koegels tragischer Tod – Koegel starb 1904 im Alter von nur 44 Jahren – nur deshalb so früh eingetreten sei, weil er immer mit dem Fahrrad «den steilen Berg der Altenburg» hinaufgefahren sei. Vielleicht klingt in diesem Satz mehr mit, als man denkt. Der steile Berg – es ist nicht zu vergessen, daß Steiner, wenn er zu Koegel hinaufstieg, an den Bauarbeiten des wachsenden Goethe- und Schiller-Archivs vorbeiging.

Gemäß den veränderten Verhältnissen, die von der Mitte der Weimarer Zeit an neu auf ihn zukamen, hat Steiner nun auch völlig neue Freundeskreise gewonnen. Anstelle des ausgeschiedenen von der Hellen trat Dr. Ferdinand Heitmüller als Mitarbeiter in das Archiv ein. Er stammte aus Altona, war der Sohn eines Tierarztes und arbeitete, nachdem er mit einer Schrift über «Hamburger Dramatiker zur Zeit Gottscheds» doktoriert hatte, an der Universitätsbibliothek in Jena als Volontär. Dort war er bereits 1892 mit Goethes Welt beschäftigt, indem er bei Cotta Riemers Briefe an die Familie Frommann herausgab. In seinem Bewerbungsschreiben vom 22. Juni 1893 an Suphan bittet er, nun im Archiv zur Arbeit am Goetheschen Nachlaß zugelassen zu werden: er könne, da er «materiellen Sorgen entrückt» sei, frei seinen Interessen nachgehen. Er wurde für die Arbeit an den Tagebüchern als «unbesoldeter Assistent» eingestellt, bis er, zu Neujahr 1897, von der Archivarbeit enttäuscht, um seine Entlassung bat, um nach Berlin zu gehen. Eine Spottschrift «Neu-Vineta», die er anonym veröffentlichte und die Weimar als «Friedhof» bezeichnete, der endlich wieder «zu Licht aufsteigen» müsse, war wohl damals ganz im Sinne Steiners.

Heitmüller war gemeinsam mit seiner Mutter nach Weimar gekommen, die sich mit Frau Eunike anfreundete. So entstand eine Beziehung, die Steiner doppelt genoß, da sie sozusagen innerhalb seiner eigenen Familie gepflegt werden und er selbst Gastgeber sein konnte, während früher die jungen Besucher der Goethe-Gesellschafts-Tagungen, etwa Otto Erich Hartleben und andere, wie auf einer Studentenbude unvorhergesehen und bohèmehaft zu nächtlicher Stunde bei ihm eingekehrt waren. Dies war nun auch äußerlich sichtbar ein Schritt ins Eigene.

Noch ein anderer Freundeskreis hatte sich neu ergeben: der der Cromptons. Er glich eher dem der Oldens auf der Altenburg, obwohl hier statt burschikoser Geselligkeit mit ihrer witzig übertriebenen Opposition ernstes Gespräch und Kunst im Vordergrund standen. Der Schlesier Conrad Ansorge, Liszt-Schüler, begabter Pianist und Komponist, hatte 1891 eine der Besitzerinnen des Hotels «Russischer Hof», Margarete Wegelin, geheiratet. Diese große Gaststätte inmitten der Stadt war bevorzugter Treffpunkt Liszts und seiner Freunde gewesen. Margaretes Schwester Klara, Mitbesitzerin, heiratete einige Jahre später den Engländer Ewans von Crompton, der in Deutschland Militärdienst getan hatte, dann – ausgeschieden – in Weimar Versicherungsinspektor geworden war. Durch diese Heiraten öffnete sich bei Cromptons nun Raum für anregende, lebhafte Freundesbegegnungen. Die «geistvoll-graziöse Persönlichkeit Frau Klara von Cromptons» war der «sonnenhaft wirkende» Mittelpunkt, wie Steiner im «Lebensgang» rühmt. Der Redakteur Paul Böhler, der vielseitige Fritz Koegel, Ferdinand Heitmüller und ein anderer neuer Archivgenosse, August Fresenius, gehörten dazu und – wenn er in Weimar war – natürlich der Bohèmien Otto Erich Hartleben, mit dem in wenigen angeregten Nächten Steiner einmal ein «Goethe-Brevier» zusam-

Goethe-Brevier

Goethes Leben in seinen Gedichten

herausgegeben

von

Otto Erich Hartleben

Zweite, verbesserte und vermehrte Auflage.

München

Karl Schüler, Maximilianstr. 2

1901

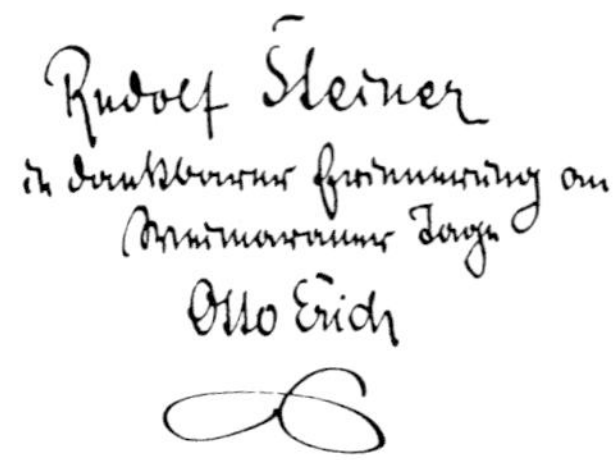

… der Bohèmien Otto Erich Hartleben, mit dem in wenigen angeregten Nächten Steiner einmal ein «Goethe-Brevier» zusammengestellt hatte

… in dankbarer Erinnerung an Weimaraner Tage …

mengestellt hatte. Die Zusammenkünfte dieses Kreises fanden entweder in einem Privatzimmer des «Russischen Hofs» statt, öfter aber noch in der Wohnung der Cromptons, die zunächst Alexanderplatz 1 (heute Beethovenplatz) und sodann im Parterre der Kurthstraße 12 (Bauhausstraße) war. Hier sang Fritz Koegel mit seinem schönen Tenor Gedichte von Nietzsche, die Conrad Ansorge vertont hatte und selber auf dem Klavier begleitete. Immer wieder wurde hier vom Lisztkreis auf der Altenburg erzählt – beide Frauen kannten sie ja alle: Richard Wagner, Klara und Robert Schumann, Anton Rubinstein, Smetana, Hector Berlioz, Bülow, Cornelius und all die anderen und wußten von ihnen zu berichten. Vor allem aber diskutierte man hier Nietzsches *Gedanken.* Man fühlte sich zwar, ebenso wie damals bei Oldens, unbürgerlich, «jenseits von Gut und Böse» und in radikaler freier Geistigkeit; aber man versuchte doch, den fruchtbaren, philosophischen Kern der Nietzscheschen Ideen zu erfassen. Wille zu Umkehr und Erneuerung belebte sie alle, beflügelte sie. Und wenn sie auf Extremstes stießen, so fühlten sie nur den Trieb zur Freiheit darin und ahnten, eingedenk des noch lebenden Kranken, wie nahe Genie dem Wahnsein sein konnte.

Die Entdeckungen, Erkenntnisse, Erlebnisse an Goethes Nachlaß, die dem Kreis von den drei Mitarbeitern am Archiv außerdem unmittelbar aus lebendiger Erfahrung mitgeteilt werden konnten, fanden dann einen besonders fruchtbaren, durch Nietzsche aufgerissenen Boden. Hier öffnete sich Weimar in gleicher Weise dem Hügel der Altenburg wie dem des Silberblicks, überbrückte das Tal des Weih-Moors und strebte über die Stadt hinaus, indem man ganz im Sinne Goethes nach großen fruchtbaren Zeitimpulsen suchte.

Hier nun fand Rudolf Steiner auch mit seinen eigenen Ideen ein ernstes Echo. Die «starke, mitreißende Energie», die in diesem Kreise lebte, ermutigte ihn, allen Widersachern zum Trotz, am Ende der Weimarer Zeit sein Werk «Goethes Weltanschauung» zu schreiben, in dem er noch einmal zusammenfaßte, was seiner Ansicht nach Goethes Naturanschauung der Menschheit zu geben habe. Es tönt dabei, so bekennt er im «Lebensgang», deutlich die Stimme dieses Freundeskreises mit hinein, wie «sonst bei keinem meiner Bücher».

Die temperamentvollen, kritisierenden, ironisierenden Oldens hatten ihn in Weimar hineingeführt, diese Freundschaft geleitete ihn, Entwicklung bestätigend, aus Weimar heraus.

Es ist nachdenkenswert, daß Steiner viele, viele Namen aus seiner Weimarer Zeit im «Lebensgang» nennt, Menschen, die ihm, wie er immer wiederholt, «lieb» und wert waren, ihm nahestanden und die dann doch wieder aus seinem Dasein verschwanden – nicht nur durch den Tod, sondern auch durch das Leben. *Er* aber erinnert sich ihrer aller in der Rückschau seines Erdenseins und nennt sie bei Namen; er hatte mit ihnen allen zu tun und verlor sie nicht. Es war «mir eine innere Notwendigkeit», sie zu nennen, so sagt er und deutet damit die wichtige Aufgabe erkannten und geübten Karmas an, jener tiefgründigen Verknüpfung menschlicher Schicksale durch die Zeiten hindurch. Es gäbe Stoff ohne Ende, über eine spätere Wirkung nachzusinnen, die den von ihm Genannten, angenommen oder nicht, erkannt oder nicht, durch die Begegnung mit ihm zuteil geworden ist. Einige wenige, die noch befragt werden konnten, entsannen sich seiner nur als einer auffallenden, aber ungepflegten bohèmehaften Erscheinung.

Die Altenburg spielt weiterhin eine Rolle in Steiners Weimarer Zeit, ja, sie erfährt eine Krönung: der großartige Plan der Großherzogin Sophie, ein würdiges, ein außergewöhnliches Haus für die kostbaren Papiere, die sie geerbt hatte, zu bauen, erfüllte sich. Sie hatte dafür von Anfang an jenen Hügel ins Auge gefaßt, der so eindrucksvoll nahe und doch emporgehoben über Schloß und Stadt aufragte: der Berg der Altenburg sollte das neue Archiv wie ein sichtbares Wahrzeichen Weimars tragen. In aufwendiger, mühevoller Arbeit entstand über dem Steilhang der Ilm unter dem alten Seebachschen Haus, in dem einst Goethe ein- und ausging und Liszt weltweit gewirkt hatte, nach dem Vorbild des Pariser Schlosses Trianon das Goethe- und Schiller-Archiv – inzwischen ein vielfältiges großes Literaturmuseum mit zahlreichen berühmten Nachlässen.

Man weiß nicht, wie oft Steiner nun noch zur Tagesarbeit statt wie einst zu freundschaftlicher Geselligkeit den Hügel jenseits des Flusses emporgestiegen ist. Die Gehaltszahlungen an Rudolf Steiner endeten bereits im April 1897. Aus den Unterlagen der Druckerei Böhlau aber geht hervor, daß bis zum Ende des Sommers 1897 immer noch Bogen angefordert werden mußten, die nicht termingerecht fertiggestellt worden waren. So hat Steiner also sicher in seiner letzten Weimarer Zeit noch in einem großen hellen Saal zur Linken der ersten Etage des neuen Gebäudes gesessen, der den

Goethe-Schiller-Archiv hoch über der Ilm

Eingang zum Goethe-Schiller-Archiv

Schloßbrücke an der Ilm

Archivaren zur Verfügung stand und jetzt von der Goethe-Gesellschaft benutzt wird. Drei hohe Fenster zum alten Haus der Altenburg hin – ein Fenster nach Süden mit einem malerischen Blick auf die Ilmbrücke, Schloß und Park –, vier große, helle Schreibtische; gleich neben dem Eingang links ein breites Büchergestell mit den bisher erschienenen Bänden der Sophien-Ausgabe.

Die feierliche Einweihung des Archivs fand am 28. Juni 1896 statt. Hinter weitem, kunstvoll geschmiedetem Tor ein breiter, aufwärts führender Zufahrtsweg mit umfassendem Blick auf die Stadt und die Hügel ringsum. Beide Flügel der hohen, schweren Eingangstür weit geöffnet, um über ein schloßähnliches, zweiseitiges marmornes Treppenhaus in drei große, helle, ineinander übergehende Ausstellungssäle zu gelangen. Hier waren an den Wänden in weißlackierten hohen Schränken die kostbaren Papiere in eigens dafür angefertigten Kästen verwahrt und unter gläsernen Platten weißer Pulte schönste Stücke der Originale ausgestellt.

Buntes festliches Gedränge in Vestibül, Treppenhaus und Sälen; Suphan agierte als Herr des Hauses. Viele Fürstlichkeiten, zahlreiche berühmte Wissenschaftler, Vertreter des Geistes aus aller Welt waren zu dem großen Ereignis nach Weimar gekommen.

Wer von den Anwesenden aber mag die Festrede Suphans so nachdenklich angehört haben wie Rudolf Steiner, der, nun fast am Ende seiner Weimarer Zeit, hellhörig und hellsichtig, das Geschick dieses Mannes für immer in seinem eigenen Schicksal trug – so wie auch er in Suphans Leben für immer eine Rolle spielt und spielen würde: bleibender Anstoß zu geistiger Prüfung. Den meisten Zuhörern in den drei festlichen Sälen wird der Satz Suphans, den er in seiner Rede mit hoher, heiserer Stimme vortrug, nur wie eine seiner üblichen gebildeten Floskeln geklungen haben. Suphan sagte: ins Fundament neuer Bauten *alter* Zeit habe man als Opfer an die Götter lebendige Menschen eingemauert – er, seinerseits, er sei bereit, sich in dieses Haus hineinzuopfern.

Steiner war von diesen Worten erschüttert. Er ahnte, ja er wußte um die Lebenskatastrophe dieses Mannes, der ihm die wichtige Zeit am Archiv zwar leidvoll und problemreich, aber auch immer von neuem zu einem unerläßlichen Gegenpol gemacht und der, seltsamer Eckstein des Schicksals, es verhindert hatte, daß Steiner noch länger in Weimar geblieben oder nach Jena gegangen wäre.

Mitarbeiter im neuen Goethe-Schiller-Archiv: ganz rechts Julius Wahle, Steiners Freund; links Max Halbe, der Dramatiker

Im 12. Jahresbericht der Goethegesellschaft hat Dr. Ruland, der Direktor des Goethehauses – heute Goethe-Nationalmuseum genannt –, dem scheidenden Rudolf Steiner Worte des Abschieds gewidmet, die seine Gestalt wie einen hohen, auffallenden Schatten durch das Archiv schreiten lassen. Er schreibt über den «Mitte 1886» Ausscheidenden: «Was er ... in glücklichem Zusammenwirken kritischer und productiver Fähigkeit geleistet hat, hat den Beifall aller Kenner gefunden. Es ist seinem selbstlosen, unablässigen Bemühen zu danken, daß ... eine Fülle von Urkunden vorliegt, die dem Naturforscher Goethe eine vollere und höhere Würdigung sichert. Den ideellen Ertrag der sechs bei uns verlebten Jahre zu Tage zu fördern bleibt ihm vorbehalten ...; die Zeit seines Zusammenwirkens hat den Arbeiten der Anstalt überhaupt mannigfaltigen Gewinn gebracht.» (Goethe-Jahrbuch XVIII. Band 1897.) Selbst wenn man die Bemühung um Freundlichkeit für einen scheidenden langjährigen Mitarbeiter berücksichtigt, so tritt doch hinter solchen Worten der besondere Einzelgänger deutlich hervor, der als einer der ersten Goethes Forderung, daß man sein Erbe geistig weiterführen solle, wahrzumachen versucht hatte.

Noch vierzehn Mal ist Steiner später während Suphans Lebenszeit zu Vorträgen in Weimar gewesen – immer ein anderer, ein immer weiter Fortschreitender. Wie er dann stets alte Freunde, etwa die Familie Neuffer, aufgesucht hat, so ist er verständlicherweise immer den Berg der Altenburg hinaufgestiegen, um im Archiv Julius Wahle und neue Mitarbeiter zu begrüßen oder kennenzulernen. Nie versäumte er aber auch, wie die Söhne berichtet haben, Suphan zu persönlichem Gespräch aufzusuchen. Er ging hinüber in das alte Haus auf der Altenburg, wo Suphan seit Anfang des Jahrhunderts im Parterre Wohnung genommen hatte.

Es ist nicht auszudenken, welch bewegende Ereignisse diese Besuche bei Suphan wahrscheinlich für Steiner gewesen sind. Er ging wie einst – und es scheint dies alles wie ein charakterisierendes Bild für die gesamte Weimarer Epoche – von der Mitte der Stadt, vom Theater aus, durch die engen beschatteten Gassen, über schön gestaltete, umgrenzte Plätze zum Schloß hin, wo so lange seine Arbeitsstätte gewesen war. Er überschritt dann Brücke und Fluß, aber nicht wie damals, um ins Eigene, Freie hinaufzusteigen, sondern um den Mann aufzusuchen, der so bedeutsam für ihn gewesen war.

Er trat ein in das Zimmer rechts im Parterre, wo ihm alle Möbel von seinem Anfang in Weimar her bekannt und vertraut waren. Da war vor allem, den Raum prägend, das hohe Bücherregal mit den vielen gleichmäßigen Reihen der Bände der Sophien-Ausgabe. Wie einst empfing ihn mit gewandten, liebenswürdigen Worten die hohe heisere Stimme Suphans. Wie einst strich der schiefe Blick der Augen über sein Gesicht. In einem einzigen Augenblick konnte Rudolf Steiner erkennen: hier waren sie, die entscheidenden Jahre seines Schicksals; sie würden weiter positive und negative Impulse aussenden in sein Lebenswerk.

Suphan hat sich im Jahre 1911, an seinem Dasein und wohl auch an seiner sich allmählich ins Kleinliche verlierenden Arbeit, deren wachsende Problematik er fühlte, verzweifelnd, in der Altenburg zu Tode gebracht. Er knüpfte eine Schlinge, er türmte die Bände seiner berühmten Herder-Ausgabe aufeinander und stieß sie, darauf stehend, entschlossen mit den Füßen weg.

Mit welcher Erschütterung muß Rudolf Steiner von diesem tragischen Schritt Suphans Kenntnis bekommen haben. Nach vielen Jahren des Abstands von der Weimarer Zeit hat er wohl gewußt, daß dem mit den kostbaren Ideen des deutschen Idealismus vertrauten Mann vielleicht auch durch seine eigene Person, durch Steiner selbst, offenbar geworden war, daß formale Philologie allein der eigenen, hochangelegten Lebensaufgabe nicht genügte.

Im «Lebensgang» hat Steiner, als ob er ein abschließendes Urteil fälle, die Stadt mit folgenden Worten gerühmt: «So waren damals wirklich die Verhältnisse in Weimar noch in der Art, daß die Seelen, die an anderen Orten sich wenig befriedigt fühlten, sich da einfanden. So war es mit denen, die dauernd da ein Heim bauten, so aber auch mit solchen, die immer wieder gerne zum Besuch kamen. Man fühlte vielen an: Weimarische Besuche sind ihnen etwas anderes als solche an anderen Orten.»

Ein nachdenkenswertes Wort über die «Oase Weimar» – ein Schlußwort? Wahrhaft, diese Stadt war für ihn etwas anderes als andere Orte, hier hatte sich sein Weg gefestigt, hier war die Erkenntnis, die er in Wien erahnt hatte, zur Gewißheit geworden, nämlich daß ein bewußtes Gewahrwerden des schaffenden Geistes in der realen Wirklichkeit Heil und Rettung des Menschen bedeuten würde.

Silbertafel auf dem Bilderrahmen eines Stichs des Goethe-Gartenhauses

Rudolf Steiner – Leben und Werk 1861–1925

Eine Chronik, zusammengestellt von Walter Kugler

Kraljevec – Wiener-Neustadt

1861–1879
Am 27. Februar 1861 wird Rudolf Josef Lorenz Steiner als erstes Kind der aus Niederösterreich stammenden Eheleute Franziska und Johann Steiner in Kraljevec (Österreich, heute Kroatien) geboren.
Der Beruf des Vaters, zunächst Telegraphist, dann Stationsvorsteher bei der österreichischen Südbahn, veranlaßte die Familie zu mehreren Wohnortwechseln: nach Mödling 1862, Pottschach 1863 und Neudörfl 1869. Die Schwester Leopoldine wird 1864, der Bruder Gustav 1866 geboren.
1879 Abitur mit Auszeichnung.

Wien

1879–1883
Studium an der Technischen Hochschule, zunächst mit dem Ziel des Realschullehramtes. Hauptfächer: Mathematik, Physik, Botanik, Zoologie, Chemie, daneben Literatur, Geschichte, Philosophie.

1882
Auf Empfehlung des Literaturhistorikers und Goetheforschers Prof. Karl Julius Schröer Berufung als Herausgeber von Goethes Naturwissenschaftlichen Schriften in Kürschners «Deutscher National-Litteratur».
Abhandlung *Einzig mögliche Kritik der atomistischen Begriffe.* Steiner bezeichnet sie später als den «Grundnerv» seiner Forschungen.

1884–1890
Hauslehrer in der Wiener Kaufmannsfamilie Ladislaus Specht. Dort auch Begegnungen mit dem Hausarzt der Familie, dem berühmten Wiener Internisten Josef Breuer, der als Wegbereiter der Psychoanalyse gilt.
Der erste Band von Goethes Naturwissenschaftlichen Schriften erscheint. Die Bände II–IV erscheinen zwischen 1887 und 1897.
Freundschaft mit der Dichterin und späteren Frauenrechtlerin Rosa Mayreder («Kritik der Weiblichkeit») und Friedrich Eckstein (später Sekretär und Biograph Anton Bruckners). Briefwechsel mit dem Philosophen Eduard von Hartmann.
Neben der Arbeit an der Goethe-Ausgabe zahlreiche Artikel für verschiedene Lexika (u.a. in Pierers Konversations-Lexikon) im Auftrag von Prof. Kürschner.

1886
Erste Buchveröffentlichung *Grundlinien einer Erkenntnistheorie der Goetheschen Weltanschauung.*
Anfrage des Weimarer Archivdirektors Erich Schmidt wegen Mitarbeit an der Sophien-Ausgabe von Goethes Werken.
Abhandlung *Die Natur und unsere Ideale.*

1888
Redakteur bei der Wiener «Deutschen Wochenschrift». Zahlreiche Artikel und Kommentare zu politischen Ereignissen in Österreich-Ungarn. Vortrag im Wiener Goetheverein *Goethe als Vater einer neuen Ästhetik.*

Weimar

1890–1897
Mitarbeiter am Goethe- und Schiller-Archiv. Herausgabe einiger Abteilungen der Naturwissenschaftlichen Schriften Goethes, die zwischen 1891 und 1896 erscheinen.
Begegnungen mit Herman Grimm, Ernst Haeckel und Eduard von Hartmann, Freundschaft mit der Dichterin Gabriele Reuter, dem Liszt-Schüler Conrad Ansorge, dem Stirner-Biographen John Henry Mackay und dem Nietzsche-Herausgeber Fritz Koegel.
Für die «Cotta'sche Bibliothek der Weltliteratur» besorgt Steiner eine zwölfbändige Ausgabe sämtlicher Werke Schopenhauers sowie eine Jean-Paul-Ausgabe in acht Bänden. In der Reihe «Berliner Klassiker Ausgaben» (mit «Einleitungen namhafter Literaturhistoriker») erscheinen die Werke Wielands und Uhlands, herausgegeben und eingeleitet von Rudolf Steiner.

1891–1892
Promotion zum Dr. phil. an der Universität Rostock bei Prof. Heinrich von Stein mit einer Arbeit über «Die Grundfrage der Erkenntnistheorie mit besonderer Rücksicht auf Fichtes Wissenschaftslehre. Prolegomena zur Verständigung des philosophierenden Bewußtseins mit sich selbst», erscheint 1892 unter dem Titel *Wahrheit und Wissenschaft. Vorspiel einer Philosophie der Freiheit,* Eduard von Hartmann gewidmet.

1893
Im Herbst erscheint sein philosophisches Hauptwerk *Die Philosophie der Freiheit.*

1894–1896
Besuche und Arbeitsaufenthalte im Nietzsche-Archiv in Naumburg. Bekanntschaft mit Elisabeth Förster-Nietzsche, die Steiner als Mitherausgeber der Werke ihres Bruders gewinnen will. Begegnung mit dem kranken Friedrich Nietzsche. 1895 erscheint Steiners Nietzsche-Monographie *Friedrich Nietzsche, ein Kämpfer gegen seine Zeit.*

1897
Eine zusammenfassende Darstellung seiner bisherigen Goethe-Studien gibt Steiner in seinem Buch *Goethes Weltanschauung.*

Berlin

1897–1900
Herausgeber und Redakteur des «Magazins für Litteratur» und der «Dramaturgischen Blätter», dem offiziellen Organ des Deutschen Bühnenvereins. Dort und in anderen Zeitungen erscheinen zahlreiche Aufsätze zu literarischen und philosophischen Fragen sowie Theaterkritiken und Buchbesprechungen.

1898–1905
Vorträge in der «Freien Literarischen Gesellschaft», im «Giordano Bruno-Bund» und im Literatenkreis «Die Kommenden», dessen Leitung Steiner nach dem Tod Ludwig Jacobowskis übernimmt.
Begegnungen u. a. mit Else Lasker-Schüler, Peter Hille, Stefan Zweig, Käthe Kollwitz, Erich Mühsam, Paul Scheerbart, Frank Wedekind sowie

mit den «Friedrichshagenern». Freundschaft mit Ludwig Jacobowski und Otto Erich Hartleben.
Eheschließung mit Anna Eunike 1899; sie stirbt 1911.

1899–1904
Lehrtätigkeit an der von Wilhelm Liebknecht begründeten Arbeiterbildungsschule in Berlin, ab 1902 auch in Spandau. Unterrichtsfächer: Geschichte, Redeübungen, Literatur, Naturwissenschaft. Begegnung u.a. mit Kurt Eisner und Rosa Luxemburg.

1900
Der erste Band *Welt- und Lebensanschauungen im neunzehnten Jahrhundert* erscheint; ein Jahr später folgt der zweite. Überarbeitet und erweitert erscheint dieses Werk 1914 unter dem Titel *Die Rätsel der Philosophie.*
Vorträge in der Theosophischen Bibliothek über Nietzsche und Goethes «Märchen». Dort im Herbst Beginn des Vortragszyklus *Die Mystik.* Erste Begegnung mit Marie von Sivers, die ab 1902 Steiners engste Mitarbeiterin wird. Sie hatte zuvor eine Ausbildung in Rezitationskunst am Pariser Konservatorium und in dramatischer Kunst in Petersburg absolviert. Übersetzerin mehrerer Werke von Edouard Schuré.

1901–1902
Es erscheint *Die Mystik im Aufgange des neuzeitlichen Geisteslebens und ihr Verhältnis zu modernen Weltanschauungen.* – Auch der zweite, 1901/02 in der Theosophischen Bibliothek gehaltene Vortragszyklus erscheint überarbeitet in Buchform unter dem Titel *Das Christentum als mystische Tatsache.*
Steiner wird Mitglied der Theosophischen Gesellschaft und ab Oktober 1902 Generalsekretär der Deutschen Sektion der Theosophischen Gesellschaft. Begegnung mit Annie Besant.

1902–1904
Lehrtätigkeit an der von den «Friedrichshagenern» Bruno Wille und Wilhelm Bölsche gegründeten Freien Hochschule (1902–1904).

1902–1912
Zusammen mit Marie von Sivers Aufbau theosophischer Logen im In- und Ausland. Rege Vortragstätigkeit sowohl öffentlich als auch im Kreise der Mitglieder der Theosophischen Gesellschaft.
Begründung, Herausgabe und Redaktion der Monatsschrift «Luzifer», später «Lucifer-Gnosis» (1903). Dort erscheinen grundlegende Aufsatzfolgen, darunter *Wie erlangt man Erkenntnisse der höheren Welten? / Aus der Akasha-Chronik / Theosophie und soziale Frage / Die Erziehung des Kindes / Die Stufen der höheren Erkenntnis.* – Sie erscheinen später auch in Buchform.
Freundschaft mit Christian Morgenstern und Edouard Schuré. Begegnung mit Wassily Kandinsky.
Jeweils im Winterhalbjahr (ab 1903/04) öffentliche Vortragsreihen im Berliner Architektenhaus, u.a.: *Ursprung und Ziel des Menschen / Metamorphosen des Seelenlebens / Antworten der Geisteswissenschaft auf die großen Fragen des Daseins.*

1904
Es erscheint das für die Anthroposophie zentrale Werk *Theosophie. Einführung in übersinnliche Welterkenntnis und Menschenbestimmung.*

1910
Veröffentlichung seiner Forschungsergebnisse zu kosmologischen und evolutionsgeschichtlichen Fragen in *Die Geheimwissenschaft im Umriß*.

1910–1913
Uraufführungen seiner insgesamt vier *Mysteriendramen* unter seiner Leitung in München. Entwurf eines Gebäudes (Johannes-Bau) für künstlerische Aufführungen und Veranstaltungen der Freien Hochschule für Geisteswissenschaft. Die Realisierung dieses Projektes in München-Schwabing scheitert am Widerstand einiger Anlieger und der Behörden.
Es erscheinen *Die geistige Führung des Menschen und der Menschheit / Ein Weg zur Selbsterkenntnis des Menschen / Die Schwelle der geistigen Welt*. Das 1910 begonnene Werk *Anthroposophie* bleibt unvollendet. Intensive Studien zur Sinneslehre.
In Köln 1911 erste Begegnung mit dem russischen Schriftsteller Andrej Belyj («Petersburg»), die Belyjs Leben und Werk nachhaltig prägen sollte. In Prag Begegnung mit Franz Kafka und Hugo Bergmann.
Beginn der Entwicklung einer neuen Bewegungskunst, der Eurythmie (1911). Im Herbst erster Eurythmie-Kurs in Bottmingen bei Basel. In den folgenden Jahren zusammen mit Marie von Sivers Weiterentwicklung der Eurythmie zur Bühnenkunst.
Trennung von der Theosophischen Gesellschaft und Gründung der Anthroposophischen Gesellschaft (1912/13).
Vorträge in verschiedenen Städten des In- und Auslandes über Reinkarnation und Karma / Evangelien / Leben zwischen Tod und neuer Geburt / Mysterien-Geschichte / Sinneslehre / Evolutionsgeschichte u.a. – Zusammen mit Marie von Sivers Aufbau anthroposophischer Zweige im In- und Ausland.

Dornach

1913–1919
Unter Rudolf Steiners Leitung und der Mitarbeit zahlreicher Künstler aus verschiedenen Ländern Errichtung des von ihm entworfenen *Goetheanum* in Dornach/Schweiz, ein plastisch-organisch in Holz gestalteter Doppelkuppelbau. Künstlerische Arbeiten Steiners: Plastische Innen- und Außengestaltung (Entwürfe), Deckenmalereien (Entwürfe und teilweise Ausführung), Glasfenster (Entwürfe für die Motive), Skulptur (9 m hoch) *«Der Menschheitsrepräsentant»* (Entwürfe und teilweise Ausführung). Die entscheidenden statischen Berechnungen wurden durch Steiner selbst ausgeführt.
Eheschließung mit Marie von Sivers (1914).
Im Umkreis des *Goetheanum* entsteht nach und nach ein Ensemble von Wohn- und Zweckbauten nach Entwürfen Rudolf Steiners (Glashaus, Haus Duideck, Heizhaus, Verlagshaus, Transformatorenhaus); später folgen das Atelierhaus (Haus de Jaager) und weitere Wohnhäuser.
Der Dornacher Hügel wird zur Künstlerkolonie; u.a. siedeln sich zahlreiche russische Künstler an, unter ihnen Assja Turgenieff, Andrej Belyj und Margarita Woloschin.
Zahlreiche Vorträge über Kunst, Architektur, Zeitgeschichte und Geisteswissenschaft.

1917
Unter dem Titel *Von Seelenrätseln* erscheinen Steiners Forschungsergebnisse über die Dreigliederung des menschlichen Organismus (Nerven-Sinnes-System, Rhythmisches System, Stoffwechsel-Gliedmaßen-System) und Ausführun-

gen über das Verhältnis Anthropologie und Anthroposophie.
Nach Gesprächen mit dem Politiker Otto Graf Lerchenfeld über die Situation Mitteleuropas entstehen zwei Memoranden, in denen Steiner Perspektiven für eine soziale Neugestaltung des öffentlichen Lebens entwickelt. Diese werden an einflußreiche politische Persönlichkeiten in Deutschland (Kühlmann, Prinz Max von Baden) und Österreich (Kaiser Karl) vermittelt.

1919
Eine in Zürich gehaltene Vortragsreihe über «Die soziale Frage» erscheint überarbeitet im April als Buch unter dem Titel *Die Kernpunkte der sozialen Frage in den Lebensnotwendigkeiten der Gegenwart und Zukunft.* Leitgedanke ist die «Dreigliederung des sozialen Organismus», d.h. die Entflechtung des Einheitsstaates in ein freies Geistesleben, ein demokratisches Rechtsleben und ein assoziatives Wirtschaftsleben.
In Vorträgen und zahlreichen Besprechungen mit Vertretern der Arbeiterschaft wie auch mit Industriellen engagiert sich Steiner für die Begründung von Betriebsräten.
Nach intensiven Vorbereitungen wird im Herbst in Stuttgart die Freie Waldorfschule als einheitliche Volks- und Höhere Schule eröffnet. Die Schirmherrschaft liegt in den Händen des Direktors der Waldorf-Astoria-Zigarettenfabrik, Emil Molt. Die Leitung wird Rudolf Steiner übertragen, der diese bis zu seinem Tod 1925 innehat. – In pädagogischen Kursen werden die Lehrer durch ihn auf ihre Aufgabe vorbereitet.
Am 24. Februar erste öffentliche Eurythmieaufführung unter der Leitung von Marie Steiner im Pfauentheater in Zürich.

1920–1925
Zahlreiche öffentliche Vorträge in Deutschland und im Ausland sowie Vortragszyklen für Mitglieder der Anthroposophischen Gesellschaft, u.a. *Entsprechungen zwischen Mikrokosmos und Makrokosmos / Anthroposophie als Kosmosophie / Der Mensch als Zusammenklang des schaffenden, bildenden und gestaltenden Weltenwortes / Esoterische Betrachtungen karmischer Zusammenhänge.* Daneben wird Steiner immer häufiger gebeten, Vorträge und Kurse über fachspezifische Themen zu halten wie: Pädagogik, Medizin, Nationalökonomie, Theologie, Landwirtschaft, Physik, Schauspielkunst, Heilpädagogik u.a. – In Wien 1922 Ost-West-Kongreß, an dem Steiner Hauptvortragender ist.
Als Schulungsgrundlage für Maler schafft er eine Folge von Pastellskizzen und Aquarellbildern («Naturstimmungen», «Friedwartskizzen»).
Zahlreiche Eurythmieaufführungen an verschiedenen Theatern in Deutschland und im Ausland, die Rudolf Steiner häufig mit einem kurzen Vortrag über die Grundaspekte dieser neuen Bewegungskunst einleitet.
Anthroposophische Forschungsinstitute, Kliniken und weitere Schulen entstehen.
In den Zeitschriften «Dreigliederung des sozialen Organismus» und «Das Goetheanum» erscheinen regelmäßig Aufsätze Steiners.

1922–1923
In der Silvesternacht 1922/23 wird das Goetheanum durch Feuer zerstört. Die Arbeit – künstlerische Veranstaltungen und Vorträge – wird in der Schreinerei in unmittelbarer Nähe der Brandruine unvermindert fortgeführt. Für einen zweiten, in Beton gestalteten Goetheanum-Bau (Fertigstellung 1928) kann Rudolf Steiner infolge seiner Erkrankung im Herbst 1924 nur noch ein Außenmodell schaffen.

Angesichts des Wachstums der anthroposophischen Bewegung und der vielen neuen Aufgaben kommt es an der Weihnachtstagung 1923 in Dornach zu einer Neukonstituierung der Anthroposophischen Gesellschaft, deren Vorsitz Rudolf Steiner nun selbst übernimmt, sowie zu einer Neugestaltung der Freien Hochschule für Geisteswissenschaft, ebenfalls unter seiner Leitung. Die Hochschule wird gegliedert in drei Klassen, in denen eine vertiefte esoterische Arbeit angestrebt wird, sowie in Fachsektionen für Medizin, Schöne Wissenschaften, Bildende Künste, Redende und musikalische Künste, für das Geistesstreben der Jugend, Mathematik und Astronomie, Naturwissenschaften, Pädagogik und Anthroposophie.

1924–1925
Im Herbst 1924 Beginn des Krankenlagers. Die immens angewachsene Vortrags- und Kurstätigkeit bricht jäh ab.
Während des Krankenlagers Fortsetzung der Niederschrift seiner Autobiographie *Mein Lebensgang.*
In Zusammenarbeit mit der Ärztin Ita Wegman entsteht die Schrift *Grundlegendes für eine Erweiterung der Heilkunst.*
In «offenen» Briefen und «Leitsätzen» wendet er sich regelmäßig an die Mitglieder und gibt ihnen Anregungen für eine spirituelle Vertiefung ihrer Arbeit.
Am 30. März 1925 stirbt Rudolf Steiner in Dornach bei Basel.

Nachweis der Abbildungen

Alle Farbaufnahmen: Foto H.R. und P. Clerc ©
S. 17, 83: Stiftung Weimarer Klassik (bis 1991: Nationale Forschungs- und Gedenkstätten)
S. 47, 69: Foto Kurt Schindler
S. 2, 27, 39, 40, 42, 46, 51, 67, 73, 80, 81, 94, 99, 102: Archiv der Rudolf Steiner Nachlaßverwaltung

Die Autorin und der Verlag danken für die Abdruckgenehmigungen.

Rudolf Steiner in Weimar

Von 1891 bis 1894 hielt Rudolf Steiner vier Vorträge in Weimar, wo er vom 29. September 1890 bis zum 23. Juni 1897 seinen ständigen Wohnsitz hatte. In dieser Zeit schrieb er neben seiner Herausgebertätigkeit am Goethe- und Schiller-Archiv auch vier seiner Bücher. Später war er bis 1907 noch oft in Weimar, wo er auch zahlreiche weitere Vorträge hielt. Nachfolgend eine kurze Übersicht.

In Weimar entstandene Bücher (1892–1897)

1891–1896
Von Rudolf Steiner herausgegebene Bände von Goethes Naturwissenschaftlichen Schriften, II. Abteilung (als Ergänzung zur Rudolf Steiner Gesamtausgabe erschienen: GA 1a–e, Dornach 1975):
6. Bd., Zur Morphologie, I. Teil, Weimar 1891
7. Bd., Zur Morphologie, II. Teil, Weimar 1892
9. Bd., Zur Naturwissenschaft überhaupt, Mineralogie und Geologie, I. Teil, Weimar 1892
10. Bd., Zur Naturwissenschaft überhaupt, Mineralogie und Geologie, II. Teil, Weimar 1894
11. Bd., Zur Naturwissenschaft. Allgemeine Naturlehre, I. Teil, Weimar 1893
12. Bd., Zur Naturwissenschaft. Allgemeine Naturlehre, II. Teil, Weimar 1896
Der 8. Band, Zur Morphologie, III. Teil, Weimar 1893, wurde herausgegeben von Karl von Bardeleben, unterstützt durch Rudolf Steiner bei der Herstellung des Textes und der Lesarten.

1892
Wahrheit und Wissenschaft. Vorspiel einer «Philosophie der Freiheit».
Begonnen vermutlich im Sommer 1890 als Dissertation unter dem Titel: *Die Grundfrage der Erkenntnistheorie mit besonderer Rücksicht auf Fichtes Wissenschaftslehre. – Prolegomena zur Verständigung des philosophierenden Bewußtseins mit sich selbst.*
GA 3, 5. Auflage: Dornach 1980 (GA = Bandnummer der im Rudolf Steiner Verlag, Dornach/Schweiz, erscheinenden, mehr als 300 Bände umfassenden Rudolf Steiner Gesamtausgabe, der größten Buchausgabe eines Autors überhaupt).

1894
Die Philosophie der Freiheit. Grundzüge einer modernen Weltanschauung – Seelische Beobachtungsresultate nach naturwissenschaftlicher Methode.
GA 4, 16. Auflage: Dornach 1995.

1895
Friedrich Nietzsche, ein Kämpfer gegen seine Zeit.
GA 5, 3. Auflage: Dornach 1963.

1897
Goethes Weltanschauung.
GA 6, 8. Auflage: Dornach 1990.

Vorträge und Aufenthalte in Weimar (1891–1907)

Mittwoch, 25. November 1891
Vortrag: *Die Phantasie als Kulturschöpferin*
in einem von der Buchhandlung L. Thelemann veranstalteten Vortragszyklus über «Die Hauptströmungen des deutschen Geisteslebens» (mit verschiedenen Rednern).
(Keine Nachschriften/Referate überliefert. – Bericht in: «Weimarische Zeitung» Nr. 28 vom 28.11.1891.)

Montag, 22. Februar 1892
Vortrag: *Weimar im Mittelpunkt des deutschen Geisteslebens*
in einem von der Buchhandlung L. Thelemann veranstalteten Vortragszyklus über «Die Hauptströmungen des deutschen Geisteslebens» (mit verschiedenen Rednern).
(Frühwerk Band III, S. 124–127 [vergriffen]. – Autorreferat in: «Weimarische Zeitung» Nr. 48 vom 26.2.1892.)

Montag, 20. März 1893
Vortrag im Naturheilverein: *Hypnotismus, mit Berücksichtigung des Spiritismus.*
(Keine Nachschriften/Referate überliefert, vgl. aber die Sammelrezension «*Zur Hypnotismusfrage*» in: R. Steiner, *Methodische Grundlagen der Anthroposophie*, GA 30, Dornach [3]1989. – Bericht in: «Deutschland. Weimarische Landeszeitung» Nr. 85 vom 26.3.1893.)

Freitag, 19. Januar 1894
Vortrag: *Genie, Irrsinn und Verbrechertum.*
Populärwissenschaftliche Vorträge III, veranstaltet vom Weimarer «Volksbildungsverein».
(Frühwerk Band IV, S. 184–186 [vergriffen]. – Bericht [Autorreferat] in: «Weimarische Zeitung» Nr. 25 vom 31. Januar 1894.)

Mittwoch, 15. April 1903
Öffentlicher Vortrag: *Die Theosophie und die Fortbildung der Religionen (mit Berücksichtigung der Babel-Bibel-Frage).*
(Autorreferat in: «Weimarische Zeitung» Nr. 89 vom 17.4.1903 und «Deutschland. Weimarische Landeszeitung» Nr. 104 vom 17. April 1903.)

Donnerstag, 16. April 1903
Vortrag in kleinem Kreis.
(Keine Nachschriften/Berichte/Referate überliefert.)

Freitag, 17. April 1903
Öffentlicher Vortrag: *Die theosophischen Hauptlehren (Wiederverkörperung und Karma).*
(Autorreferat in: «Weimarische Zeitung» Nr. 91 vom 19. April 1903 und «Deutschland. Weimarische Landeszeitung» Nr. 106 vom 19. April 1903.)

Samstag, 18. April 1903
Vortrag zur Gründung des Theosophischen Zweiges in Weimar.
(Keine Nachschriften/Berichte/Referate überliefert.)

Montag, 20. April 1903
Öffentlicher Vortrag: *Die Theosophie und der wissenschaftliche Geist der Gegenwart.*
(Autorreferat in: «Weimarische Zeitung» Nr. 93 vom 22. April 1903 und «Deutschland. Weimarische Landeszeitung» Nr. 110 vom 23. April 1903.)

Dienstag, 21. April 1903
Vortrag in kleinem Kreis.
(Keine Nachschriften/Berichte/Referate überliefert.)

Freitag, 23. Oktober 1903
Öffentlicher Vortrag: *Das Wesen des Menschen oder die geistige Chemie.*
(Autorreferat [?] in «Weimarische Zeitung» Nr. 251 vom 25. Oktober 1903 und «Deutschland. Weimarische Landeszeitung» Nr. 293 vom 25. Oktober 1903.)

Freitag, 20. November 1903
Öffentlicher Vortrag: *Die Pilgerfahrt der Seele.*
(Autorreferat in «Weimarische Zeitung» Nr. 274 vom 22. November 1903 und «Deutschland. Weimarische Landeszeitung» Nr. 321 vom 22. November 1903.)

Samstag, 21. November 1903
Vortrag in kleinem Kreis.
(Keine Nachschriften/Berichte/Referate überliefert.)

Freitag, 11. Dezember 1903
Öffentlicher Vortrag: *Weltgesetz und Menschenschicksal. Eine Weihnachtsbetrachtung.*
(Autorreferat in «Weimarische Zeitung» Nr. 341 vom 13. Dezember 1903 und «Deutschland. Weimarische Landeszeitung» Nr. 341 vom 13. Dezember 1903.)

Freitag, 15. Januar 1904
Öffentlicher Vortrag: *Herder und die Theosophie.*
(Autorreferat in «Weimarische Zeitung» Nr. 14 vom 17. Januar 1904 und «Deutschland. Weimarische Landeszeitung» Nr. 19 vom 19. Januar 1904. – *Lucifer Gnosis,* Berlin 1904, Nr. 8 [in: GA 34].)

Freitag, 26. Februar 1904
Öffentlicher Vortrag: *Theosophie und Buddhismus.*
(Autorreferat in «Weimarische Zeitung» Nr. 50 vom 28. Februar 1904 und «Deutschland. Weimarische Landeszeitung» Nr. 60 vom 28. Februar 1904.)

Samstag, 27. Februar 1904
Vortrag in kleinem Kreis.
(Keine Nachschriften/Berichte/Referate überliefert.)

Freitag, 25. März 1904
Öffentlicher Vortrag: *Ostern vom Gesichtspunkt der Theosophie.*
(Autorreferat [?] in «Deutschland. Weimarische Landeszeitung» Nr. 88 vom 27. März 1904 *[Theosophie in den Evangelien, eine theosophische Osterbetrachtung].*)

Sonntag, 18. September 1904
(Rudolf Steiner mit Annie Besant in Weimar.)
Ansprache in kleinem Kreis.
Wiedergabe des öffentlichen Vortrags von Annie Besant über *Die neue Psychologie* in deutscher Sprache.
(Keine Nachschriften/Berichte/Referate überliefert.)

Freitag, 13. Januar 1905
Öffentlicher Vortrag: *Siegfried und Lohengrin vom Gesichtspunkt der Theosophie.*
(Keine Nachschriften/Berichte/Referate überliefert.)

Dienstag, 28. Februar 1905
Öffentlicher Vortrag: *Nietzsche und die Theosophie.*
(Autorreferat in «Weimarische Zeitung» Nr. 52 vom 2. März 1905.)

Mittwoch, 19. April 1905
Fragenbeantwortung in kleinem Kreis. (Keine Nachschriften/Berichte/Referate überliefert.)

Montag, 25. September 1905
Vortrag in kleinem Kreis.
(Keine Nachschriften/Berichte/Referate überliefert.)

Dienstag, 23. Januar 1906
Öffentlicher Vortrag: *Unsere Weltlage (Krieg, Frieden und Theosophie).*
(Keine Nachschriften/Berichte/Referate überliefert.)

Mittwoch, 24. Januar 1906
Vortrag in kleinem Kreis. Fragenbeantwortung.
(Keine Nachschriften/Berichte/Referate überliefert.)

Freitag, 28. September 1906
Öffentlicher Vortrag: *Die Bedeutung der Theosophie für das praktische Leben.*
(Keine Nachschriften/Berichte/Referate überliefert.)

Samstag, 29. September 1906
Vortrag in kleinem Kreis: *Die Mission der theosophischen Bewegung. Über die Kunst des Atmens.*
(Keine Nachschriften/Berichte/Referate überliefert.)

Dienstag, 12. Februar 1907
Öffentlicher Vortrag: *Wie erlangt man Erkenntnisse der höheren Welten im Sinne der Rosenkreuzer?*
(Keine Nachschriften/Berichte/Referate überliefert.)

Mittwoch, 13. Februar 1907
Vortrag in kleinem Kreis.
(Keine Nachschriften/Berichte/Referate überliefert.)

Dienstag, 18. Februar 1908
Vortrag in kleinem Kreis.
(Keine Nachschriften/Berichte/Referate überliefert.)

Mittwoch, 19. Februar 1908
Öffentlicher Vortrag: *Erdenanfang und Erdenende.*
(Keine Nachschriften/Berichte/Referate überliefert.)

Dienstag, 23. Februar 1909
Öffentlicher Vortrag: *Mann und Weib im Lichte der Geisteswissenschaft.*
(Keine Nachschriften/Berichte/Referate überliefert.)

Samstag, 12. Februar 1910
Öffentlicher Vortrag: *Buddha und Christus.*
(Keine Nachschriften/Berichte/Referate überliefert.)

Montag, 5. Dezember 1910
Öffentlicher Vortrag: *Die Bedeutung übersinnlicher Forschung für die Gegenwart.*
(Keine Nachschriften/Berichte/Referate überliefert.)

Samstag, 12. April 1913
Öffentlicher Vortrag: *Naturforschung und Erforschung der übersinnlichen Welten.*
(Keine Nachschriften/Berichte/Referate überliefert.)

Sonntag, 13. April 1913
Vortrag in kleinem Kreis: *Die menschlichen Sinne und das Verhältnis zu den Toten.*
In: R. Steiner, *Die Welt des Geistes und ihr Hereinragen in das physische Dasein.* GA 150, Dornach [2]1980.